Una
taza
de
consuelo
para las mujeres

Historias que celebran la fuerza y la sensibilidad femenina

EDITADO POR
C OLLEEN S ELL

Grijalbo

Una taza de consuelo

para las mujeres

Historias que celebran la fuerza
y la sensibilidad femenina

UNA TAZA DE CONSUELO PARA LAS MUJERES
Historias que celebran la fuerza y la sensibilidad femenina

Título original en inglés: *A Cup of Comfort for Women*
Stories that celebrate the strength and grace of womanhood

© 2002, Adams Media Corporation

Publicado por acuerdo con Adams Media y
F+W Publications Company, 57 Littlefield Street, Avon, MA 02322, EUA.

Traducción de: Pilar Mascaró Sacristán
de la edición de
Adams Media Corporation

Primera edición, 2004

D.R. 2004, Editorial Grijalbo, S.A. de C.V.
Av. Homero No. 544, Col. Chapultepec Morales,
Del. Miguel Hidalgo, C.P. 11570, México, D.F.

www.randomhousemondadori.com.mx

ISBN 970-05-1722-5

Impreso en México / *Printed in Mexico*

Índice

Agradecimientos

Cuando estoy a punto de escribir o compilar un libro, me sumerjo tanto en el proceso que pierdo de vista la enormidad de la tarea. Sin embargo, una vez que éste empieza su desarrollo, siendo poco más que un concepto, y en el momento en que queda terminado, veo admirada todo lo que vendrá y lo que se ha hecho. En esos momentos es cuando verdaderamente reconozco y aprecio la labor en cooperación que entraña cada libro. Por lo mismo, manifiesto mi agradecimiento a cada una de las personas que han contribuido a crear esta antología, inclusive a las autoras de relatos que no han sido incluidos. Se necesita gran valor para escribir y más aún para sacar lo escrito a la luz para que lo juzgue un editor y el mundo. ¡Bravo para todas las escritoras de relatos!

A las almas valientes y talentosas cuyos relatos hemos tenido el privilegio de publicar en este libro: ¡gracias, gracias, gracias!

Al personal trabajador, noble y dotado de Adams Media Corporation: gracias por su extraordinaria aportación. Gracias en especial a Kate Epstein, Laura MacLaughlin, Kate McBride, Sophie Cathro, Gene Molter, Gary Krebs y Bob Adams.

Muchas gracias también a mi familia y amigos porque siempre han creído en mí, por su comprensión cuando mi trabajo ha ocupado tiempo y atención que debían haber sido para ellos. Ustedes son mi tesoro y el centro de mi existencia.

Sobre todo, gracias a ustedes, queridas lectoras, por permitirnos compartir esta taza de consuelo con ustedes. ¡Ojalá que estos relatos les brinden consuelo y alegría!

Introducción

El júbilo es el fuego sagrado que da vida a nuestros propósitos
y despierta nuestra inteligencia fulgurante.

HELLEN KELLER

Como tantas mujeres de mi generación y, supongo, que de otras mujeres nacidas antes y después, crecí en una cultura que transmitía dos nociones definitorias del género femenino: las mujeres sirven para criar y las mujeres son difíciles de complacer. La implicación de esta perogrullada es que las mujeres son, por naturaleza, personas sacrificadas y quisquillosas. Jamás he creído en esa imagen y siempre me he negado a aceptarla.

Las mujeres, de hecho, tienen una enorme capacidad para cuidar a otros y cuentan con un largo historial haciéndolo, pero existen verdaderamente pocas "mártires desdichadas" entre nosotras. Las mujeres producen alegría en sus vidas, la encuentran y la brindan de innumerables maneras, entre otras, está la alegría que se deriva no sólo de entregarse a otro, sino también a una misma, aunque ciertamente no se limita a esto.

Esto no quiere decir que sea fácil nutrirse, al mismo tiempo que una está nutriendo a otros. Muchas de nuestras responsabilidades son importantes y algunas tienen precedencia, como criar a nuestros hijos. Pero una mujer, sinceramente, tiene sus límites. En el refrigerador de mi hermana hay un imán, que le regaló otra madre soltera trabajadora, que dice: "Soy mujer... Soy invencible... Estoy cansada". Esta gracejada no resulta tan graciosa cuando refleja la realidad de la vida propia. Para las mujeres, acostumbradas a estar en el último lugar de una larga lista de prioridades, ocuparse de sí mismas viene justo después de haberse ocupado de todo lo demás, y para algunas este "después" llega rara vez, o tal vez nunca. Lo absurdo de olvidarnos de nosotras mismas, de privarnos de la paz y el placer, es que nos desgasta y agota, de modo que no seremos capaces de cuidar a nadie ni atender nada.

Para su bienestar mental, físico, emocional y espiritual, la mujer necesita infundir en su vida, con frecuencia, dosis de cosas que la tranquilizan, recuperan, enriquecen y deleitan. Toda mujer tiene derecho a una vida plena. Toda mujer es capaz de sentirse complacida y de complacerse. El consuelo y las riquezas de la vida son muy abundantes. Sólo tenemos que abrir la puerta para que entren.

Deja que tu viaje para nutrirte empiece o reanude su curso con esta colección de relatos sobre distintas personas y experiencias, cuidadosamente seleccionados, que proporcionan consuelo y júbilo a las mujeres. Ojalá este libro te produzca alegría y te inspire para dejar que entre más luz a tu vida.

COLLEEN SELL

A punto de cumplir cuarenta

Dentro de poco cumpliré cuarenta. Como pasa con otros hitos en la vida, he sentido la necesidad de escribir lo que siento. ¿Cómo me siento? Pues bien, en primer lugar, no me siento de cuarenta. Me siento bien. De hecho, estupendamente. Así que la cantidad de años no me molesta. Lo que sí me molesta es el decenio que seguramente vendrá. En los decenios anteriores he tenido una serie muy clara de metas, de cosas que creía que debía hacer para pasar a la fase siguiente de mi vida. Pero, con los cuarenta no ha sido así y eso me hace sentir... desconcertada. Nunca antes había tenido falta de algo que quisiera perseguir, eso me produce una sensación que no conozco muy bien, o sea, la de sentirme cómoda.

En mi caso, los veinte fueron verdaderamente estrepitosos. Sin pestañear, dejé atrás los diecinueve —sin duda en un bar lleno de humo cerca de la universidad—. Sentía que me quedaban diez años más para vivir de fiesta. En realidad, así fue. Después, el bar universitario lleno de humo se convirtió en una playa, cuando emprendí camino con mi numerito de crecer y terminé en el sur de California. Cómo me divertí descubriendo el inicio de la edad adulta. Trabajé para echar a andar mi carrera en el campo de la publicidad y trabajé más aún para acumular en mi vida la mayor cantidad posible de diversión. Los cumpleaños iban y venían y me importaba un verdadero bledo.

Cuando me miré en el espejo y vi a una treintañera, la situación se hizo un poco más espinosa. Fue cuando me di cuenta de que el tiempo era esencial para conseguir todo lo que quería: casarme, tener hijos, hacer galletas de figuritas para alguien. Como mujer joven, el sur de California me ofrecía todo lo que necesitaba, pero si quería cumplir los sueños de toda mi vida, entonces sería más conveniente que regresara al centro. El oeste medio ofrecía una mayor probabilidad de que los hombres hicieran una cita para comer la semana entrante y, tal vez, hasta que buscaran mucho más.

Tuve razón. Los treinta fueron muy profilácticos. Conocí a un hombre maravilloso, viví con él, me casé y procreamos, de hecho, dos veces. Ahora tengo un matrimonio que ha durado seis años, un hijo de cuatro años y una hija de dos años que me ayudarán a apagar las cuarenta velas. ¡Caramba!

¿Y ahora qué? Si no fuera tan extrañamente introspectiva como soy y pudiera pedir un deseo, desearía continuar en el camino que me he trazado. Quisiera que mi matrimonio siguiera como está, tal vez inspirándole un poco de vida nueva ahora que he dejado de ser una nodriza andante. Quisiera que mis hijos siguieran creciendo y asombrándome con el entusiasmo de sus rostros frescos. Me gustaría seguir jugando con los tiempos, tanto como pueda, para ver a mis amigas, considerando que todas tenemos niños pequeños que vomitan sobre nuestras camisas negras justo cuando estamos a punto de salir de casa para reunirnos. En verdad, me gustaría tener el privilegio de ver a mi madre envejecer elegantemente durante muchos años más. Supongo que éstas son metas. Pero la idea de "mantenimiento" no es bastante para envolver mi persona, llena de ánimo y ambiciones, durante los próximos diez años.

A estas alturas de la vida, me conozco bastante bien. He llegado a aceptar que si no fui talla seis cuando tenía veinte años, no puedo tener la esperanza de serlo ahora. Sé que empiezo a sudar si hay muchas personas cerca de mí cuando me estoy maquillando. Sé qué cosas puedo dejar pasar y cuáles debo resolver para no sentirme angustiada. Y estoy segura de que, para los próximos diez años, necesito tener algo por lo cual luchar.

Soy caminante, una caminante tipo Forrest Gump que sencillamente no sabe cuándo parar. Sin embargo, un día, me detuve. A pesar de que todos los días subo por la misma senda que me lleva por el mismo bosque, vi un árbol que era como todos los demás, pero que ese día me pareció diferente. Así que me detuve. Tal vez fue porque acababa de llover, quizá fue porque casi todas las hojas amarillentas ya no cumplían con su función de anunciar mi cumpleaños (otoño, para el resto del mundo) y habían caído a mis pies. No sé por qué, pero en ese momento, supe qué tenía que hacer con el siguiente capítulo de mi vida.

Noté que ese árbol destacaba porque había perdido sus hojas de un día para otro y, con ello, revelado lo que mantiene el todo unido: el tronco lustroso y fuerte, la columna vertebral erguida hacia el cielo. Miré a mi derredor, con los pies firmemente plantados en el suelo, y mi bosque había dejado de ser una bella nebulosa. Era un vasto espacio lleno de posibilidades. Tuve una sensación de descubrimiento que no había sentido −o no me había tomado la molestia de sentir− en mucho tiempo y que me movió a seguir adelante. Avanzaría en la misma dirección que he caminado todo el tiempo, pero lo haría con otro enfoque.

En mis cuarenta prestaré atención a un camino que tenía casi perdido: Yo. Seguiré avanzando, no sólo como la esposa, madre, hermana o hija, escritora o amiga de alguien, sino como la mujer en la que me he convertido en alguna parte del sendero. En este decenio, pienso bajar la velocidad y pensar, apreciar y aprender. Y, a pesar de que no tenga un gran logro nuevo que mostrar como resultado de los próximos diez años, sé que el proceso será vivificante.

JULIE CLARK ROBINSON

Una bici con cintas color rosa

El calor del verano me estaba cobrando la factura. Hacía poco que los médicos habían diagnosticado mi esclerosis múltiple y el calor empeora la enfermedad. Una fatiga debilitante me había mantenido en el arresto domiciliario que yo misma me había impuesto, en el cual, día tras día, a lo largo de todo el verano, sólo habíamos estado el aire acondicionado, un televisor de pantalla grande, los perros y yo. Estaba aburrida, sintiéndome sola y deprimida. Mi vida entera me deprimía. Además de sentirme fatal y de que no podía desarrollar las actividades que normalmente disfrutaba, había tenido que renunciar a un puesto ejecutivo con mucho poder y, con él, al auto de la compañía que tenía asignado.

Pensé en ir al centro comercial porque tenía aire acondicionado, pero rechacé la idea. Mis armarios y varias cómodas estaban llenos hasta el tope. La idea de que los hombros de mis trajes de diseñador se llenarían de bolsas por estar colgando de perchas, que el polvo inundaría mis blusas de seda y la serie de zapatos, bolsas y accesorios que hacían juego —dolorosos recordatorios de la persona que fui— sólo pintó mi ánimo de un tono incluso más negro. Ahora no tendría que ponerme un lo que fuera Gucci para ir al supermercado. Además, ya había intentado ir de compras en internet para superar mi depresión. Conté cincuenta y tres bolsas, decenas de pares de zapatos e innumerables cosas más que, en realidad, no me hacían falta. Lo que necesitaba era salir de casa.

Así, me subí en mi convertible rojo, un Mustang nuevecito también comprado en línea, y simplemente partí. Claro que, debido al calor, ni siquiera pude bajar el toldo de mi fabuloso convertible nuevo. Con el aire acondicionador a toda marcha, manejé por la ciudad, salí de la ciudad, sin dirigirme a un lugar en particular. Pasé por un letrero que decía "Bazar Interior" y, pensando que el edificio tendría aire acondicionado, decidí dar la vuelta y ver cómo era. Jamás había estado en un bazar, jamás había comprado nada que no fuera nuevo, que no tuviera nombre de marca y que no tuviera, cuando menos, una etiqueta con un precio de dos dígitos. Como no tenía la tentación de aumentar mi excesivo vestuario ni tampoco quería nada para mi casa, pensé que un bazar seguramente me sacaría de mi aburrimiento y depresión.

Me sentí como alienígena que ha aterrizado en otro planeta, en un mundo forrado de mesas y más mesas de chatarra, un tostador añejo, una serie de platos todos diferentes, ropa vieja y bastantes desechos más. ¿Para qué compraría alguien una cosa de éstas? ¿Quién tenía los arrestos para vender todo esto? Entonces vi a un viejo que vendía libros, usados y rotos, a 25 centavos cada uno. Pensé que, evidentemente, necesitaría esos centavos. Tomé un montón de libros y le di cinco dólares. Su brillante sonrisa de agradecimiento no guardaba proporción con la compra. Mis emociones fluctuaron entre el asombro y la depresión, pero su sonrisa aparentemente me levantó el ánimo, aunque sólo ligeramente. Llevé los libros al auto y entré otra vez al bazar.

Mientras caminaba, miraba a las personas y las cosas que compraban y vendían, fascinada por los buscadores de gangas y los buhoneros. En un puesto vi una bicicleta para una niña pequeña, con desgastadas cintas color rosa y una etiqueta colgando del manubrio que marcaba un precio de 10 dólares. Parecía que la habían sacado de un basurero. Desaprobé con la cabeza y reanudé el paso. En ese preciso momento, una mujer y una niñita se detuvieron a mirar la bicicleta. La niña tendría unos diez años y los moños rosa que llevaba en sus largas trenzas rubias hacían juego con las cintas color rosa de la bicicleta. Abrió los ojos llena de emoción. El rostro de la mujer también se iluminó un breve instante y casi sonrió, pero el gesto se desvaneció rápidamente. Era más o menos de mi misma edad, pero parecía veinte años más vieja. Su rostro tenía profundas ojeras negras y la ropa colgaba holgada sobre su delgado cuerpo, como si estuviera sostenida por el recuerdo de la figura que tuvo. La niña metió la mano en su bolsillo y sacó unas monedas y unos cuantos billetes arrugados.

—Por favor, mamá, por favor —dijo-. ¿Me alcanza con este dinero?

—Nena, necesitamos muchas otras cosas y pienso que no nos alcanza para una bicicleta. Primero veamos otras cosas que necesitamos y después veremos. ¿Te parece, cariño?

El rostro de la niña se apagó y, entonces, hubo un callado entendimiento entre la madre y la hija. Ésta tomó la mano de la madre y se fueron en busca de otras cosas necesarias, más importantes. Sentí cómo se me estrujaba el corazón. Me acerqué al hombre del puesto, decidida a decirle lo que pensaba. ¿Por qué no le había vendido la bicicleta a la niña por un par de dólares o, simplemente, por qué no se la había regalado? Por fortuna, me di cuenta de la respuesta antes de haber pronunciado una sola palabra. El vendedor era un viejo harapiento; él también parecía tener el corazón estrujado, pero evidentemente necesitaba los diez dólares.

Le entregué un billete de diez dólares y le pedí que le diera la bicicleta a la niña cuando volviera a pasar por ahí con su madre para salir.

—¿Cómo se llama usted, para que le diga a la señora quién le regala la bicicleta?

—Dígale tan sólo que es un regalo de una mujer agradecida.

—Está bien —dijo el hombre—, ¿pero puedo preguntarle qué le agradece usted a esa señora?

—Todo —repuse.

Me escondí en un rincón para observar, medio esperando que el viejo simplemente se embolsara el dinero. Cuando la madre y la hija se acercaron al puesto, el vendedor les hizo una seña con la mano para que se acercaran y rodó la bicicleta para entregársela a la niña. El rostro de la pequeña se iluminó y, esta vez, la madre esbozó una sonrisa plena, con ojos brillosos a causa de las lágrimas. La madre escribió algo en un trozo de papel y se lo entregó al viejo. Cuando se habían ido, me acerqué al vendedor.

—Hice lo que usted me dijo, señorita, y estaban verdaderamente agradecidas. La señora me pidió que le entregara esto a la mujer anónima —y me entregó un pedazo de papel.

La nota decía que su hija y ella acababan de llegar al pueblo y que sólo tenían lo que llevaban puesto. Decía que estaban iniciando una nueva vida y que yo les había alegrado el día. Junto a su firma escribió el nombre del motel donde estaban alojadas temporalmente, "mientras conseguían salir adelante".

–Parece como si estuvieran huyendo de algo –dijo con tristeza el vendedor. O a alguna parte, pensé yo.

Llegué a casa y ya no me pareció una cárcel. Me pareció cómoda, segura y tan lujosa como un hotel de cinco estrellas. Estaba tan feliz de ver a mis perros, como ellos siempre lo están de verme. Me dirigí al sótano para reunir algunas cajas, mientras parloteaba alegremente con ellos. Fui al armario silbando por el camino y me puse a llenar las cajas con mis trajes de diseñador, los zapatos y las bolsas que hacían juego, y saqué montones de ropa de mi cajonera. En una de las cajas puse una nota deseando a la madre buena suerte con su nueva vida y a la niña mucha felicidad con su bici nueva y dándoles las gracias por el regalo que ellas me habían dado. Le decía que si ella tenía el valor para volver a empezar, yo también lo tendría.

Ese terriblemente caluroso día de verano gasté diez dólares en un nuevo contrato de vida. ¡Es lo que yo llamo una verdadera ganga!

BETH ROTHSTEIN AMBLER

Corazón con corazón

Mis padres formaban una pareja singular. Mamá nació y se crió en Virginia. Papá fue un muchacho de la ciudad de Nueva York. La infancia de ella estuvo llena de ornados vestidos de fiesta y reuniones para tomar el té en el jardín. Él jugaba beisbol improvisado en las calles, donde la tapa de una alcantarilla era la primera base. Los padres de ella eran profesionales y la educación de su hija era su gran prioridad. Los padres de él eran obreros y sólo soñaban con que su único hijo terminara sus estudios de bachillerato. Ella estudió en la universidad y viajó por todo el mundo, evitando el matrimonio para seguir viviendo sus sueños. Él aprendió un oficio y consiguió un empleo asalariado.

Los dos encontraron en su camino a personas que quisieron, con las que hicieron planes para compartir sus vidas. Ella, de hecho, se comprometió con el hijo del mejor amigo de su padre. Los muchachos habían crecido juntos y sus familias siempre pensaron que algún día se casarían. El compromiso fue anunciado con gran alegría. Entonces, mamá y dos de sus mejores amigas decidieron ir a la ciudad de Nueva York a comprar el ajuar para su boda. La primera noche que mamá pasó en la ciudad, conoció a papá en una fiesta.

Fue amor a primera vista y pasaron la noche entera conversando y hablando de lo que esperaban del futuro. Mamá volvió a Virginia, regresó su anillo de compromiso y volvió a Nueva York. Ella y papá se casaron seis meses después, en una ceremonia discreta, en el ayuntamiento de la ciudad. Al año siguiente, para su gran alegría, nací yo.

A lo largo de los años, mis padres relataron muchas veces su encuentro predestinado. Nadie que conociera a la pareja, evidentemente feliz, dudó alguna vez del amor especial que se tenían.

El mayor tesoro de mamá era un pequeño prendedor de cobre con dos corazones que papá le había comprado en su primera cita, en Coney Island. Sus iniciales estaban grabadas en un corazón y las de él en el otro. Mamá se ponía el prendedor todos los días. Aparte del anillo de casada, ninguna otra alhaja tenía más significado para ella. En varias ocasiones, papá le sugirió que cambiaran el pequeño prendedor por otro parecido, pero de oro. Mamá no quería oír del asunto y decía que no era un objeto remplazable. Papá sacudía la cabeza y le compraba otra cosa.

Cuando mi maravilloso padre murió a la tierna edad de cincuenta y nueve años, mamá cayó en una profunda depresión. Para entonces yo era adulta y tenía mi propia familia. Vivíamos a seis calles de mis padres. Prometí a papá que cuidaría de mamá cuando él ya no estuviera aquí y me preguntaba cómo podría cumplir mi promesa.

Mis jóvenes hijas fueron la salvación de mi madre. Quería profundamente a las dos y las tres pasaban muchísimo tiempo juntas. Mamá, lentamente, fue encontrando paz y tranquilidad en la familia y en el servicio a la comunidad. Si una organización de caridad necesitaba ayuda, ahí estaba ella para ayudar. Ingresó a la American Legion, hacía trabajo voluntario en uno de los hospitales de veteranos de la zona y recibió muchos premios y recompensas personales por todas las horas que dedicó a los enfermos y a los viejos del barrio. Su vida estaba llena y ella parecía feliz.

Un día mamá me llamó al trabajo y, entre lágrimas, me dijo que había perdido el prendedor de cobre que tanto quería. Lo buscamos por toda la casa. Recorrimos el camino que había seguido ese día y colocamos avisos de recompensa en todas las tiendas. El prendedor no apareció y la depresión de mamá volvió. En su pensamiento había vuelto a perder a papá a pesar de que habían pasado muchos años desde su muerte.

El tiempo pasó y mamá volvió a encontrar cierto consuelo en la familia y en sus obras de caridad. Más adelante, se volvió bisabuela, cosa que la hizo muy feliz. Pero jamás olvidó el prendedor de corazones que había perdido y hablaba de él constantemente.

Cuando cumplió ochenta años, preparamos una fiesta especial en honor de mamá. El día fue perfecto. Fue toda una sorpresa para mamá, la comida estuvo deliciosa, el clima precioso y todos los niños se portaron correctamente. Cuando reunimos sus regalos, de nueva cuenta miró cada uno de ellos y leyó cada una de las tarjetas, como si no quisiera que ese día terminara.

De repente, el pequeño hijo de mi hermana menor entró corriendo a la sala.

—¡Nana, nana! —gritó—. Yo no te he dado mi regalo.

Le entregó una cajita envuelta con papel de aluminio y mamá le preguntó si le había hecho algo en la escuela.

—No, nana —repuso—, te iba a hacer un dibujo en la escuela y mamá me dio una blusa vieja, que sacó de una caja que estaba en el ático, para que me la pusiera y no me ensuciara. Cuando me puse la blusa un alfiler me pinchó. Era bonito, así que decidí regalártelo por tu cumpleaños. Yo sólo lo envolví porque te quiero mucho.

Mamá palideció al abrir el regalo de su nieto. Corrimos hacia ella pensando que se iba a desmayar. Nos miró sonriente.

—Hijos, acabo de recibir un regalo de su padre por mis ochenta años —dijo sonriendo y enseñándonos el pequeño prendedor de cobre con los corazones que había perdido muchos años antes.

Cuatro años después, el día que mamá pasó a mejor vida, quité el prendedor de su suéter, sabiendo que algunos corazones jamás se separan.

ANNE CARTER

Mi tiempo

Ella no le vio. Estaba muy oscuro y él se había escondido muy bien. Ella estaba concentrada en su carrera. No le oyó. Estaba concentrada en su respiración y las suelas de sus zapatos chocaban contra el pavimento. No le esperaba. Se estaba preparando, anticipadamente, para la carrera que tendría lugar ese fin de semana.

Cuando Robin sintió el golpe en la cabeza, primero se sintió confundida y después, un segundo después, sintió terror puro. Escuchó, como si vinieran de muy lejos, sus propios gritos que rasgaban el aire callado y se desmoronó al suelo. De repente, sintió un cuchillo que le oprimía la garganta. El atacante, con un gruñido amenazante, le dijo que si volvía a hacer ruido la mataría. Su instinto le dijo que sí lo haría. Su afán por vivir era aún más fuerte que este brutal ataque y permaneció callada y consciente, y aguantó.

Tras el ataque, él le arrancó los anillos de sus dedos y el reloj de su muñeca. Ella vio la hora. En diez largos minutos, en sólo diez minutos, su vida entera le había pasado ante los ojos, le había sido arrebatada. Sin embargo, estaba viva. Él seguía sujetándola y ella seguía en silencio e inmóvil, alerta pero separada de su cuerpo. Él retiró el cuchillo de su cuello y, antes de que ella pudiera volver a inhalar, le propinó un golpe en la cara con tal fuerza que le rompió la nariz y la dejó casi inconsciente. Después, la bestia, el cobarde, huyó corriendo.

Durante unos minutos ella sentía demasiado miedo como para moverse. Su mente corrió mientras trataba de deshacerse del dolor y el desconcierto para entender qué había ocurrido. Después sollozó, en parte por miedo y en parte por alivio, porque seguía viva. Una mezcla de temor y de repulsión, de gratitud y de indignación se le vino encima y la paralizó temporalmente, dejándola pegada al suelo. Por fin se levantó lentamente y, tambaleándose atontada, buscó su confianza.

No se sentía segura. No se sentía como sí misma. No se fiaba de los hombres, no se atrevía a confiar en los hombres. Y no volvió a correr.

Correr había sido uno de los grandes gustos de Robin. Después del asalto no podía ni pensar en volver a correr, incluso rara vez salía de casa. La policía jamás pudo arrestar o siquiera identificar a su atacante. Él seguía en la calle. Él podía repetir su hazaña. Si no era él, entonces otro atacante podría estar a la vuelta de la siguiente esquina, acechando para saltar sobre ella y quitarle mucho más que un reloj, un anillo, tanto más que diez minutos infernales de una vida. La suya le había sido perdonada, pero su libertad para correr, su sensación de bienestar, su sentido del yo, habían sido destruidos.

Pasaron las semanas. Las imágenes recurrentes del ataque pasado perturbaban sus días, las pesadillas torturaban su sueño. Sólo se aventuraba a salir de casa cuando era necesario, sólo de día, y siempre con temor, plenamente consciente de los peligros que acechaban entre las sombras. Le costaba muchísimo trabajo relacionarse con hombres, incluso con aquellos que había conocido desde hacía mucho y en los que, implícitamente, confiaba antes del ataque. Se preguntaba cómo eran en realidad, cuando nadie los estaba observando. Guardó sus zapatos para correr donde no los pudiera ver, desvaneciendo la última semblanza de la persona que nunca volvería a ser. Esto era lo que se decía. Esto era lo que creía.

Mas una mañana se dio cuenta de que eso no era lo que ella quería. Ese día, Robin se despertó temprano y, por primera vez en mucho tiempo, sintió que el brillo de la esperanza se movía, muy al fondo, en su interior. Se dio cuenta de que quería volver a disfrutar. Quería recuperar su vida. Quería hacerlo desesperadamente, pero no sabía por dónde empezar. Esa mañana no encontró respuesta alguna.

Pero esa noche soñó y, en esta ocasión, no tuvo pesadillas. Pensó que su sueño había estado lleno de paz y, extrañamente, había sido muy detallado. En su sueño, ella veía un enorme reloj que tenía veinticuatro horas en la carátula, en lugar de las doce usuales. Además, todos los minutos aparecían en forma muy prominente. El número "1440" centelleaba en la base del reloj. Por alguna razón, el sueño consoló a Robin.

La mañana siguiente, Robin recordó su sueño. Por primera vez desde el ataque, inició su día pensando en otra cosa que no fuera el asalto. En cambio, pensó en el colosal reloj de veinticuatro horas. ¿Por qué había soñando con un reloj? ¿Qué quería decir el número centelleante y por qué centelleaba? Estuvo pensando en el sueño toda la mañana. Después, por impulso, sacó su calculadora y multiplicó 24 (horas) por 60 (minutos). ¡El total era 1440! Así que eso era, ¡la cantidad de minutos que tiene un día! Robin se preguntó cuántos minutos tendrían una semana y un mes, después calculó la cantidad de minutos que tenía un año. Sentada miró el número: 525 600, más de medio millón de minutos. Si llegaba a vivir ochenta años... se preguntó y calculó... ¡Caramba! ¡Casi 30 millones de minutos más!

Fue como si escuchara la armoniosa melodía de un reloj fino. De repente, Robin se dio cuenta de que, despierta, había pasado cada minuto de todos los días y, dormida, muchos minutos pesadillescos de cada noche reviviendo una sola horrorosa experiencia de diez minutos. Se le ocurrió que tenía cientos de millones de minutos por vivir y que ella era la que elegiría cómo pasarlos. Dejó la calculadora y sacó sus zapatos para correr. Ese día, Robin corrió, y corrió al día siguiente... y al siguiente... y al siguiente.

También entró en un grupo de apoyo para mujeres asaltadas o golpeadas. En las sesiones entendió que todas las mujeres que estaban sanando tenían algo en común. Cada una de ellas se había dado cuenta de que estaba en sus manos hacer a un lado la pesada carga de una vida hecha añicos para retomarla y reconstruirla. En el caso de Robin, ese momento de claridad provino del sueño de los 1440 minutos de un día. A partir de ese momento, tomó la decisión de vivir, plenamente y sin miedos, los restantes millones de minutos de su vida.

El día que asistí al grupo de terapia y escuché a Robin contar su ilustrativo caso supe que yo también tenía una opción... y la escogí. Opté por no pasar un solo instante más en el pasado y por celebrar todos los momentos preciosos de los días de mi vida.

LYNN SEELY

El amante de Joan

Joan veía venir la fecha de sus veinte años de matrimonio, pero también veía su sueño insatisfecho. A pesar de que tenía un matrimonio feliz y seis hermosos hijos, sentía que le faltaba algo. La inquietaba experimentar algo que la sacara de su ritmo cotidiano. Así las cosas, cuando su hijo menor llegó a la edad de ir al jardín de niños, algo tocó el alma de Joan y la cambió para siempre. Apareció un "amante" en su vida.

Era alto, moreno y hermoso, un hombrón del oeste. También era delgado y estilizado, tenía un grueso cuello, músculos sinuosos y paso firme. En esos momentos él necesitaba a Joan tanto como ella lo necesitaba a él. Los dos tenían que superar algunos obstáculos. Los de él se debían a muchos años de una vida dura, los de ella eran más serios. Los problemas de ambos estaban relacionados con la salud.

Desde niña, Joan había padecido un problema de la vista. Estaba afectada por un mal progresivo, llamado síndrome de Steven Johnson, que se le había deteriorado tanto que ya no podía manejar y le costaba mucho trabajo realizar tareas rutinarias. Día tras día sufría dolor y frustración no sólo por perder poco a poco la vista, sino también por perder su independencia. Su nuevo amante parecía haber presentido el problema desde el principio y le mostró una compasión y una bondad poco comunes. Compartían esa sinergia que sólo se presenta una vez en la vida y que, cuando lo hace, no conoce fronteras.

Desde el principio, la pareja supo que tenían algo en común y muy especial. Los dos amaban el campo abierto y experimentar las maravillas de la naturaleza. Así, empezaron a dar largos paseos por los bosques, deleitándose con las hojas que tronaban bajo sus pies y sintiendo el regocijo del aire puro llenando sus pulmones. Sin mediar palabra, uno presentía el siguiente movimiento del otro. Juntos descubrieron un mundo nuevo, lleno de independencia, amor propio y, sobre todo, diversión. Él se convirtió en sus ojos y, a través de ellos, ella vio la vida desde otro punto de vista. Cuando él estaba cerca, ella se sentía en el cielo.

Era todo un caballero. Las amigas de Joan decían que tenía clase y que, en verdad, sabía cómo tratar a una mujer. En los paseos, él compensaba los pasos inseguros de ella. Él siempre la hacía sentirse segura, sobre todo cuando ella acurrucaba su cuello afectuosamente contra el de él. Cuando pasó el tiempo, empezaron a viajar juntos. Si bien eran totalmente extraños, encontraron compatibilidades y el consuelo que uno daba al otro.

Joan empezó a pasar más y más tiempo con su amante y su familia descubrió otra faceta en ella. Brotó su confianza en sí misma, irradiaba felicidad. Gracias a este tipo guapo y grandullón, que llamaba Amante, se volvió mejor esposa y madre. Él no era el tipo de amante que rompería un matrimonio ni que se llevaría a una esposa o madre. Este amante sólo reforzaba y enriquecía las demás relaciones de ella. Era un ser que daba mucho y que agradecía todo gesto de bondad dirigido a él. Recibía con gratitud y aprecio un golpecito en la espalda, una caricia en el cuello. Así, con la bendición y el aliento de su esposo, Joan prosiguió con su romance.

Joan y su amante tenían el pacto de buscar juntos experiencias y aventuras nuevas. Corrían aventuras en veredas, en bosques, en establos y en apacentaderos. Amante se sentía más cómodo en estos lugares porque había sido criado en una granja y llevaba el campo en el corazón. Nadie supo jamás su nombre de pila. Todo el mundo lo llamaba el Amante de Joan (nombre ideal para su naturaleza y cualidades especiales).

Y era especial, un verdadero regalo de la vida. Había sido un regalo de aniversario que Tom, el marido de Joan, le había dado, porque también presentía que ella añoraba tener algo más que los asuntos del matrimonio y la maternidad. De hecho, ese cálido día de agosto, cuando un tráiler apareció en su vieja granja y un bello pura raza de cinco años llamado Amante salió de él, ella recibió más de lo que podría haber esperado jamás.

Durante veinticinco años, Joan y Amante estuvieron juntos, uno aprendiendo del otro. Al principio, cuando lo cepillaba y enjaezaba, se fueron conociendo el uno al otro. Después, empezaron a hacer paseos cortos. No tardaron en ir a cazar zorras, saltar vallas y participar en desfiles de gala. Cuando Joan ya no pudo seguir con esas actividades, Amante se contentaba con sólo tenerla a su lado o sentada sobre él. En situaciones peligrosas, él se paraba entre Joan y otros caballos. A medida que su vista empeoró y sus ojos fueron una fuente permanente de dolor, Amante lo presintió y la consolaba. Siempre estuvo ahí para ella.

Las cosas fueron diferentes en un frío día de noviembre, cuando Amante, que para entonces tenía casi treinta años, se enfermó. Ahora incluso su amor y determinación fueron incapaces de superar el grave cólico provocado por las úlceras de su estómago. Esta vez él necesitaba a su Joan como ella siempre lo había necesitado a él. Ella sabía que él estaba sufriendo gran dolor y que lo mejor sería mandarle a mejor vida.

No era sencillo. Después de todo, Joan y Amante formaban equipo. Siempre habían hecho todo juntos y este último viaje no sería distinto del resto. Así, como siempre, Joan se dirigió a la casilla de Amante, lo acarició y le habló dulcemente. Cuando lo sacó, él pensó que lo llevaba a pastar a su rincón favorito, al margen del bosque, atrás del establo. De pie, junto a Amante, Joan vio al veterinario inyectar una droga para que ese enorme y maravilloso corazón durmiera por siempre. Mientras él caía en la inconsciencia, Joan descansó su cabeza sobre él en busca de consuelo, como lo había hecho tantas veces durante su largo cortejo. Pero el compañero de Joan ya no bufó de júbilo, no exhaló chorros de aire caliente, ni lanzó hacia atrás su confiada cabeza como diciendo: "Yo también te amo". Ahora estaba callado y quieto.

El recuerdo de Amante sigue vivo y su espíritu sigue brindándole amor y alegría. Está enterrado bajo un enorme álamo a la entrada del bosque, detrás de la casa de Joan. Todos los días, cuando ella va a rezar junto a ese árbol, piensa en la belleza de la naturaleza y todos los dones de la creación del Señor, pero sobre todo recuerda a un caballo llamado Amante.

SHARON HAZARD

La magia de Año Nuevo

Siempre he pensado que Noche Vieja tiene algo mágico. Me gusta el barullo, el champán y los elegantes vestidos, los silbatos y los espanta-suegras. Despedir el año que termina y entrar alegremente en el nuevo me recuerdan que el tiempo es breve y la vida muy valiosa.

De niña siempre pasaba Noche Vieja con mis abuelos. Nunca aguanté despierta hasta la media noche, pero todavía puedo sentir las manos cálidas de la abuela sacudiéndome suavemente para despertarme diciendo en voz baja: "La bola ya no tarda en bajar". Después, los tres, maravillados, veíamos descender la brillante bola; ¡diez, nueve, ocho, siete, seis, cinco, cuatro, tres, dos, uno! En ese momento gritábamos a la par que la multitud reunida para festejar.

Cuando crecí, empecé a pasar la Noche Vieja con amigos, pero siempre llamaba a mis abuelos después de las doce.

—¿Viste bajar la bola? —nos preguntábamos.

—¡Sí! —la inevitable respuesta.

A continuación, nos felicitábamos y nos mandábamos cariño por la línea telefónica. Repetí este ritual todos los años hasta que los dos pasaron a mejor vida.

A los veintitantos años me invadió la obsesión de ir a la ciudad de Nueva York para ver la cuenta regresiva en vivo en Times Square. A casi toda mi familia y amigos cercanos les he propuesto que cenemos en un restaurante elegante, bailemos en un hotel de lujo y, a las once de la noche, corramos disparados a unirnos a la multitud que se reúne debajo de la bola. Hasta ahora, nadie ha aceptado. Así, año tras año, sigo viendo a los fiesteros por televisión, prometiéndome que, incluso si tengo que ir sola, algún día estaré entre ellos.

Este 2002 fue un Año Nuevo muy solemne. Todos mis conocidos se quedaron en su casa sin aparente interés por celebrar la fiesta con algo más que una cena tranquila y una botella de vino. Mi marido sólo estaba interesado en ver cada minuto del *playoff* de las Águilas de Filadelfia. Me había prometido que llevaríamos a las niñas a cenar temprano, siempre y cuando volviéramos a tiempo para ver la patada inicial del partido. No nos quedaríamos a charlar después del postre, pero era mejor que no tener festejo alguno. Así que los cuatro salimos a cenar y lo pasamos muy bien. Además, habría tiempo para el champán y el romance después del partido. Desde que conozco a mi marido las cosas rara vez salen como las planeamos, pero no me atrevía a esquivar a mi marido ni a insinuarle nada.

—Cuando termine el partido quiero que me dediques un poco de tiempo —le dije. Me prometió que "sería todo mío", pero yo me sentía molesta—. Sabes que esto significa mucho para mí —dije con voz lastimera, tratando de cerrar el trato. Él asintió con la cabeza, pero yo no estaba segura.

Tal vez fue la opípara cena, la emoción del partido, el arrullo de una casa callada o, simplemente, que estaba cansado. Fuera lo que fuere, mi marido se quedó dormido poco después que las niñas y me encontré sola en mi festividad predilecta. Sintiéndome muy decepcionada, caminé por toda la casa, traté en vano de leer un libro y me preparé un chocolate caliente. Finalmente, me acomodé en un sillón ante un fuego que estaba muriendo, pero despedía un poco de calor.

A las once eché unos cuantos leños al hogar y bajé las luces, convirtiendo la sala en un santuario cálido y sensual. Encendí las luces del árbol de Navidad, abrí una botella de champán y llené dos flautas de cristal.

—La bola no tardará en bajar —dije suavemente sacudiendo a mi marido. Él se reclinó sobre un codo para beber champán, murmuró "Feliz Año Nuevo" y volvió a caer en su pacífico sueño.

Por primera vez en mi vida vi bajar la bola sola. La añoranza por llamar a mis abuelos se convirtió en un dolor físico y envidié más que nunca a la gente reunida en Times Square. Me sentía una intrusa espiando sus felices rostros. Traté de revivir el recuerdo de los fantasmas de Años Viejos pasados: mi abuelo y yo golpeando ollas en el pórtico de su casa, mi madre con un deslumbrante vestido plateado largo, los besos sabor canela que un guapo muchacho me dio a las doce. Pero la casa seguía en silencio y una lágrima solitaria rodó por una de mis mejillas.

Apagué la televisión y me dirigía a la cama de mis hijas para darles un beso, murmurando "te quiero mucho" contra su suave cabello. Pensé en despertarlas, abrazarlas y sacarlas al patio golpeando ollas de aluminio con cucharas de madera. Sólo acomodé las cobijas alrededor de la cama de mi niña de cuatro años, que dormía pacíficamente, y de la cuna que contenía a mi otra pequeña. Abracé a mi perro, tal vez tan fuerte que no le gustó. Después bajé a la sala para apagar las luces y el fuego.

El oloroso abeto centelleaba con el brillo suave de los rescoldos de la chimenea y sus luces de colores se reflejaban en los vidrios de la ventana. Al observar yo sola toda esta belleza me sentí arrobada y deprimida. Me dirigí a la ventana y miré al exterior, a la tranquilidad de la noche. Cuando estaba contemplando los prismas de las luces de colores bailar sobre la grama cubierta de nieve, bebí un poco de champán y sonreí. ¿Cómo no había notado antes que mi patio del frente parecía un sorbete de arco iris?

Los escuché antes de verlos. Cantaban *Auld Lang Syne*, riendo mientras luchaban por recordar la letra de la canción. Eran dos muchachas y cuatro muchachos que caminaban por la calle, sin preocuparse por lo frío del viento ni lo tarde de la hora. Me hicieron recordar mis Noches Viejas del pasado y la alegría de la juventud. Me cayeron bien de entrada.

—Nieve virgen —dijo el alto de la bufanda azul cobalto al tiempo que se echaba un clavado y rodaba por mi patio del frente.

—Quizá sirva para hacer bolas de nieve —dijo la muchacha que llevaba un abrigo corto negro.

Se paró bajo mi ventana y yo retrocedí, escondiéndome entre las cortinas para no asustarla. Tomó un pedazo iluminado de rosa y lo lanzó al muchacho del gorro con una borla que gritaba mucho. No le atinó, pero él, no obstante, la persiguió y la cubrió de nieve en forma caballerosa.

Observé con júbilo interno cómo acababan con lo prístino de mi nieve. Una parte de mí pedía que me pusiera mi viejo chaquetón azul y me uniera a ellos, pero la mayor parte se contentaba con sólo mirar. Su alegre presencia levantó la sombra de la soledad de mi alma. Me pegué más a la ventana y toqué el frío vidrio con las puntas de los dedos.

—Me alegra tanto que hayan escogido mi nieve —susurré.

En ese momento sonó el teléfono. Era mi primo, un hombre adulto a punto de ser padre al que me unen fuertes lazos desde la infancia. No esperaba saber de él y me conmovió su llamada. Estaba en una fiesta y tuvo que gritar más fuerte que el ruido de la música de baile y la algarabía para que pudiera escucharle.

—¡Feliz Año Nuevo, prima! —dijo—. ¿Te estás divirtiendo?

—Mucho, sí, mucho —repuse.

—Se oye muy tranquilo ahí. ¿Estás sola? —preguntó.

Miré por la ventana a mis ángeles en la nieve, pensé en mi familia caliente y segura en sus camas y, con la mente, vi el rostro de mi primo por un instante.

—No, no estoy sola —dije—. ¡Feliz Año nuevo para ti también!

CHRISTINE CALDWELL

La taza parchada

No sabía bien cómo Maggie recibiría el regalo. Despúes de todo, estaba un poco viejo y usado, y también muy lejos de su prístina condición.

Mi nieta Maggie Mae estaba dejando la casa paterna para ir a vivir a su primer departamento. Había pasado a recoger lo que la abuela aportaría a su nuevo mobiliario. Deshizo el lazo, desenvolvió el papel crepé violeta y miró fijamente el filo dorado de una taza antigua.

—Abuela, es preciosa —dijo sacándola del envoltorio y notando las grietas de la base y el asa pegada con epóxica y comentó—, pero... está rota.

—No querida, está parchada —repuse y pasé a contarle la historia de la taza—. Dianne, una de mis más queridas amigas, me regaló esta taza mucho antes de que tú nacieras. ¿Recuerdas cuando tú y yo jugábamos a las comiditas y tomábamos el té cuando eras pequeña? Pues bien, mi amiga y yo tomábamos el té y hacíamos exactamente lo mismo. Nos reuníamos con frecuencia y mientras bebíamos té, hablábamos de las alegrías y los retos que la vida nos había dado. Siempre poníamos una mesa preciosa, con vajilla fina, servilletas bordadas a mano y galletas hechas en casa. Esta taza de té ha escuchado muchas historias interesantes y más de un secreto. Muchas lágrimas se han mezclado con el té, la crema y el azúcar de esta taza. Vaya, hasta el mismísimo día en que tú naciste festejamos con alegría y emoción a la hora especial de nuestro té.

"En aquellos días era raro que las mujeres acudieran a terapeutas y sicólogos para contar sus problemas. Unas acudían otras. Mi amiga Dianne vivía al fondo de la calle. Muchas mañanas, yo corría a su casa, en bata y zapatillas, y nos sentábamos junto a la chimenea a beber té. Cuando tenía un problema, Dianne me escuchaba y consolaba. Y ella acudía a mí de la misma manera. Una era confidente y asesora de la otra, pero más que eso, éramos amigas.

"Tanto a Dianne como a mí nos gustaban las cosas bonitas y nos agradaba poner flores frescas y vajilla fina en nuestro carrito de té. Nuestros mundos también corrieron paralelos en muchos otros terrenos. Cuando ella se divorció, yo también lo hice. Cuando ella perdía un ser querido, lo mismo ocurría en mi vida. Siempre estábamos consolándonos y reconfortándonos una a la otra. Yo me presentaba en su puerta o ella se aparecía en la mía, taza en mano, y empezaba el proceso curativo de hablar y escuchar, de compartir y apoyar.

"No siempre lo hacíamos en casos de crisis. A veces, es más, casi siempre, nos sentábamos tranquilamente a hablar del color del papel tapiz, de dónde colgar un cuadro y de cosas de mujeres, como el maquillaje y los peinados. Recuerdo lo emocionada que estaba cuando compré un despampanante vestido para la reunión de ex alumnos de mi generación. Me moría de ganas por enseñárselo y, claro, ella se ofreció a prestarme las joyas ideales de complemento.

"Los hombres siempre fueron un tema popular. Cuando estábamos solteras, comparábamos notas de los hombres que había en nuestras vidas y de los atributos del compañero ideal. Esas noches llegábamos a beber un galón de té recordando a todos los sapos que habíamos besado antes de encontrar a nuestros príncipes.

»En las noches de verano sacábamos el té al patio, encendíamos velas, poníamos flores frescas y charlábamos de la vida y de la búsqueda de la felicidad. Bebíamos té siguiendo las temporadas, mientras nuestras vidas iban cambiando. Cuando estábamos confundidas, mientras tomábamos nuestro té, todo parecía tener sentido, aunque sólo fuera durante el rato que tardaba en prepararse y disfrutarlo juntas. Cuando pienso en esos años de un pasado tan lejano, casi no recuerdo la mayor parte de las aflicciones y las jaquecas que me llevaron volando a casa de Dianne en zapatillas y con la taza de té en mano. Pero sí recuerdo vívidamente cada uno de nuestros ratos tomando té y atesoro esos momentos.

"Con el tiempo, Dianne se mudó, pero yo seguí con la taza de té y podía pensar en ella siempre que la usaba. Después vendí mi casa y, cuando estaba empacando mis cosas, dejé caer mi taza especial. Hice lo mejor que pude para arreglarla, pero la taza nunca quedó igual, aunque en realidad no importaba mucho. Ahora ya no puede contener líquido, pero está llena hasta el borde de dulces recuerdos de años pasados.

"Por eso, me gustaría que tú la tuvieras."

—Gracias abuela —dijo Maggie después de un breve silencio.

Al abrazarnos para despedirnos, Maggie me invitó tomar el té, al día siguiente, en su casa nueva. Así supe que mi taza especial de té estaba en buenas manos y que había sido un regalo perfecto para una nieta que empezaba su propio viaje.

Barbara Rich

El pórtico de Emily

Nos conocimos hace varios años, cuando las dos formábamos parte del elenco de una obra teatral en nuestra comunidad. En los ensayos intercambiamos cortesías y en las escenas en las que aparecíamos, las dos trabajamos muy bien juntas. Una noche, ella nos invitó a todos a una reunión en su casa después del ensayo. Nada más entrar por la puerta, hice algún comentario mordaz y sólo ella se rió; desde entonces ha sido mi mejor amiga.

Nunca me ha importado que Emily se graduara de bachillerato el día que yo nací. Tampoco importó que proviniéramos de medios enteramente distintos. El hecho de que ella estuviera casada y tuviera hijos mayores y que yo siguiera de pata loca y libre como un pájaro no hacía diferencia alguna. Nunca me pareció extraño que, mientras ella se quedaba en casa cuidando a su marido y familia, yo estuviera haciendo una prestigiada carrera en mercadotecnia. Éramos amigas en un sentido que sólo pueden entender las mujeres que han encontrado un alma gemela.

Nos sentábamos horas y horas en su pórtico, bebiendo vino y hablando de libros, teatro y relaciones, y resolviendo todos los problemas del mundo. Ella me apoyó durante un romance difícil con el hombre que hoy es mi esposo y fue la madrina de honor en nuestra boda. Estuve a su lado cuando su marido decidió que el césped de otra mujer era más verde, y cuando pensó en volver a estudiar, le dije que creía en ella. Gracias a su aliento, clavado en mi alma, yo inicié mi exitoso despacho de asesoría.

Emily volvió a estudiar y se hizo maestra. El día que nació mi hijo no pudo estar conmigo en cuerpo, pero sé que estaba en espíritu. Y cuando me pareció que estar con Wyatt era más importante que estar en el trabajo, apoyó mi decisión de dejar mi carrera a un lado durante un tiempo, para ser una mamá que se queda en casa. A lo largo de todos los cambios de carrera, el matrimonio y el divorcio, los nacimientos y las muertes, los tiempos buenos y los malos, nuestra amistad siempre nos ha sostenido.

Después, mi marido fue transferido al otro lado del país.

Su pórtico había significado la calma en todas las tormentas de mi vida. Era el lugar al que podía acudir a festejar mis éxitos y a lamentar mis pérdidas. Ahora su pórtico estaría a 3 mil kilómetros de distancia más o menos.

Como siempre, tratamos de adaptarnos a la situación en la medida de lo posible. Charlábamos por teléfono durante toda una hora y, mientras las dos tomábamos un vaso de vino, nos sentábamos en nuestros respectivos porches para charlar. Era casi tan agradable como estar ahí. Nos mandábamos cartas de páginas y páginas y cada vez que recibía, sentía ganas de reír y de llorar al mismo tiempo. Pero no era igual.

Finalmente, el otoño pasado tuve la ocasión de iniciar lo que he llamado una "peregrinación" de regreso al Sur. Como mi marido no consiguió que le dieran unos días libres en el trabajo, me fui con el bebé a visitar a todos los amigos y parientes que teníamos al sur de la línea Mason-Dixon. Todo viaje con un infante es un desafío, pero estar en un camión día tras día, hora tras hora, salpicado de pellizcos, piquetes y punzadas propinadas por extraños, hicieron que esta experiencia fuera muy exasperante para los dos. El cambio de comida, agua y cama todas las noches no ayudaron mucho. Lo que me mantenía entusiasmada era que sabía que pasaría la última noche en casa de Emily.

Por fin, después de dos semanas de viaje, vislumbré su porche. Nunca había lucido tan bien, ni el vino había estado tan fresco o la conversación tan cálida como esa noche. Wyatt estaba encantado, supongo que porque sintió que estábamos con alguien que yo quería mucho y que también me quería mucho, que estábamos en confianza. Aparentemente, también supo que necesitábamos estar tranquilas un rato para hablar de nuestras cosas. Cenó estupendamente, bebió una taza de leche y se quedó dormido antes de lo acostumbrado. Le acosté en su Pack 'N Play, en el fondo de la habitación, y volví al porche. Poco después, Marylin, la hija de Emily que tenía veintidós años, llegó a casa al salir de su turno de mesera en el restaurante donde trabajaba. Nos saludamos con besos y abrazos, pero dijo que estaba agotada y se fue a dormir. Emily y yo seguimos parloteando como si no hubiéramos charlado en muchos años.

Cerca de una hora después le dije que iba a echarle un ojo a Wyatt. Aparentemente, mi comentario recordó a Emily que habíamos acostado a Wyatt en el cuarto de Marylin. Saltamos de nuestras sillas, no horrorizadas, pero sí preguntándonos cómo estarían coexistiendo estas dos almas tan distintas.

Sin hacer ruido, abrimos la puerta del cuarto de Marilyn y, a oscuras, caminé de puntillas hacia el Pack 'N Play. El niño no estaba ahí y entonces sí que me asusté. Pero justo cuando mi corazón empezó a latir más rápido, Emily me hizo una seña para que viera hacia la cama. En la media luz que daba la lamparita del buró, apenas si pude ver la silueta de Marilyn dormida y a mi Wyatt acurrucado a su lado. Ella lo abrazaba y los dos respiraban tranquilamente, tan cerca que sus narices prácticamente se tocaban.

Ahí, de pie y hombro con hombro, miramos cómo dormían pacíficamente nuestros "bebés". En ese momento nos pareció que nuestra relación había cerrado el círculo completo. Habíamos pasado muchas cosas juntas a lo largo de los años, pero en esos pocos minutos no había nada fuera de esa habitación. Lancé un profundo suspiro y supe que no importaba qué tan lejos viviera, siempre podría revivir esta bella experiencia en mi recuerdo y de nueva cuenta sentiría la tranquilidad de estar en el porche de Emily.

LAUREN CASSEL BROWNELL

El regalo de un nuevo inicio

Hace un año, más o menos, empecé a sentir lo que significaba la jubilación anticipada. Los pensamientos invadían mi mente como una urraca parloteando incesante, y ya no pude seguir negando la importancia y la realidad del mensaje.

Había sido ejecutiva durante más de treinta años y mi carrera estaba llena de los efectos debilitantes normales del estrés y de las lides políticas. De todos esos años, pasé más de veinte en el sector financiero, una industria normalmente regida por hombres. Sobrevivir muchas veces significó un juego rudo, con grandes retos debido a la falta de comunicación entre géneros y a que era imposible que yo llegara a arreglos en los urinarios.

A pesar de las dificultades, conseguí sobrevivir y me encantaba trabajar. Yo era mi trabajo. Entonces, ¿por qué pensé en jubilarme a los cincuenta y dos años? Durante los meses siguientes la idea me intrigó y me amilanó, alternándose con momentos de confusión, emoción y pánico. No tenía un modelo que me sirviera de guía. Mi marido fue despedido a causa de un recorte, había sido obligado a jubilarse el año anterior y estaba destrozado por el humillante proceso. No estaba preparado para esto y se había aterrado. Presencié el dolor que sintió cuando perdió su identidad, su sueldo y su dignidad. Todavía se estaba adaptando.

Mis amigas no me podían ayudar. Todas estaban trabajando y construyendo su nido para una jubilación bien proyectada, en algún momento futuro. Los comerciales de televisión me recordaban que la libertad llega a los cincuenta y cinco, si es que llega. Mi asesor financiero y mi plan de ahorros para el retiro confirmaban que yo aún no había llegado a la edad.

Mi idea de jubilarme persistió, a pesar de que tenía miedo de hacerle caso. ¿Quién sería sin la tarjeta de crédito de la empresa? ¿Cómo podía dejar ir el dinero, los bonos y la opción a comprar acciones de la empresa? Pero las llamadas de atención en mi interior seguían tentándome con las muchas cosas que quería hacer, sobre todo mi pasión por escribir. Sentía que mi tiempo se estaba agotando.

Tenía que considerar otras realidades: mi agotamiento crónico por estar a la altura de las exigencias de mi trabajo y el temor a que mi lupus se reactivara y me llevara a retirarme por la mala. Si esperaba mucho tiempo más, ¿el agotamiento o el lupus me impedirían satisfacer las inquietudes que había dejado a un lado mientras me abría camino para subir por la escalera de la compañía?

El año pasó y, finalmente, pude cortar el cordón umbilical y anunciar que pensaba jubilarme. Con una sana mezcla de espanto y envidia, mis colegas me interrogaban con miradas llenas de cautela y una necesidad desesperada de racionalizar mi decisión. Me preguntaban si había sido objeto de un recorte o si simplemente estaba loca.

Al principio, me despertaba a media noche, con el corazón palpitando a toda prisa. Pero, por la mañana, al salir el sol, siempre tenía la sensación de que mi decisión era "correcta". Había llegado el momento de interrumpir el ritmo arrollador de mi vida y de pasar el bastón de mando a mi rebaño de capaces reclutas. Sentía un llamado casi mágico hacia las aventuras que tenía por delante.

Jamás me ha gustado la imagen asociada al retiro, en parte porque no juego golf ni tengo intención de mudarme a Florida. Siempre he encontrado consuelo en las palabras, así que acudí al diccionario. Ahí encontré definiciones tan deprimentes de retiro como "separación" e "hibernación". Mi diccionario de bolsillo no resultó mucho mejor, con sinónimos como "quedarse sin pastura" y "salir de circulación". Era justo lo contrario de lo que yo buscaba del retiro. Mi diccionario de antónimos me salvó con la palabra "llegar" como contrapropuesta de "retirar". Llegar era "alcanzar un destino o lugar", "conseguir el éxito o la fama", "llegar a algo como resultado del esfuerzo, la acción o un proceso natural". Esto estaba mejor. Esto era lo mío.

Así, armada con un sentimiento de espíritu pionero, anhelaba mi "llegada". Ahora llevo varios meses con mi nueva existencia. Temprano por la mañana paseo, sin correo de voz, correo electrónico ni teléfonos celulares, y me lleno de energía. Los días me parecen más largos y más plenos, porque cada valioso minuto me pertenece. Escucho el ritmo de las olas batiendo en la arena de la costa. Experimento el estallido de la primavera por primera vez desde mi infancia. Me dan masaje y me doy largos baños lujuriosos. Visito a un vecino mayor y le llevo flores. Y llevo registro de mis días en un diario, pasándolos justo como quiero.

Leo libros, clavándome en los clásicos que había descuidado desde hace mucho tiempo, tengo proyectado viajar y me encanta pensar en las personas y los lugares que visitaré en el futuro. Respiro a fondo y medito. Paso tiempo con mi hija, mi marido y mis maravillosas hermanas. Y escribo, desempolvando las palabras limpiadoras que surgen en este ciclo de renovación, que me lleva hacia el frente en esta carroza que me he dado, este regalo de un nuevo inicio.

PAT SKENE

La luna, dos estrellas e Italia

Ser madre me ha dado mucho: alegría, orgullo, canas, noches en vela. También me ha dado la luna, dos estrellas e Italia. El prendedor en forma de luna y los pendientes en forma de estrellas, guardados en una caja azul de Tiffany, fueron el regalo que mi hija Meg me dio una Navidad y que compró con el dinero que había ganado en su primer trabajo adulto –y el primer año que no me pidió dinero prestado para comprar sus regalos.

Italia necesita una explicación un poco más extensa. Meg se enamoró de Italia cuando estudió ahí todo un verano. Con presupuesto de estudiante, no podía comprar libros de arte para traer a casa, pero sus relatos pintaban hermosos cuadros. ¡Y la comida! Brochetas crujientes y tomates de penetrante aroma. Cuando yo suspiraba al escuchar sus descripciones de los cuadros de Botticelli en la Galería Uffizi, me decía: "Sé que te encantaría Italia, mamá. Iremos juntas el año que viene".

Pasó mucho tiempo desde que había dicho eso. Mientras tanto, Meg y yo pasamos por la turbulencia normal que los padres y los hijos suelen vivir cuando sus hijos se vuelven adultos. Los puntos que nos unían, que alguna vez fueron sólidos y firmes, se habían ido desgastando con el tiempo. El hecho de que vivíamos a 750 kilómetros de distancia no facilitaba las cosas. Yo tenía muchas ganas de ir a Italia con Meg, pero la posibilidad de que cumpliera su ofrecimiento parecía muy remota. Estábamos demasiado ocupadas navegando por los caminos de la vida. Si no era porque yo había dejado mi empleo en el centro para dedicarme a escribir, era su graduación de la escuela de derecho. Se casó. Remodelamos nuestra casa. Meg se mudó a Nueva York para iniciar su carrera. Yo me inscribí para participar en programas de voluntariado, porque antes no había tenido tiempo para hacerlo.

Italia me empezó a sonar como el lugar que mi marido y yo visitaríamos cuando él se jubilara. Entonces, una Navidad, Meg llamó.

—Tengo unos días de vacaciones y debo usarlos esta primavera y no tengo planes. ¿Qué te parece ese viaje a Italia? Supongo que no estás libre, ¿o sí? —dijo.

Sí, lo estaba.

Primero Florencia. Meg hizo arreglos para que nos alojáramos en el convento donde había vivido cuando estudiante. Mi hija, de pelo oscuro, alta y segura de sí misma, caminó por los callados pasillos hasta nuestra habitación, sin prestar atención al entorno que había visto tantas veces antes. Yo seguí sus pasos, estirando el cuello para ver todos los cuadros, estatuas y muebles antiguos. Cuando abrí la puerta de nuestra habitación, ahí estaba ella de pie, sonriendo junto a la ventana. La ventana estaba en un muro blanco encalado del siglo XIII y tenía suaves cortinas de gasa que caían desganadamente desde el techo hasta el suelo. Por la ventana vi que cerca del convento había un olivar con hojas nuevas a punto de brotar. A la distancia, una línea de árboles oscuros, delgada y elegante como los modelos de Prada, formaba una cresta sobre las colinas verdes. En medio de dos grupos de árboles, la catedral de Florencia se erguía sobre los techos terracota que la rodeaban, con su domo apuntando hacia el cielo, como desafiando a la tierra para que lo bajara.

—Mejor que la película de *A Room with a View*, ¿verdad? —dijo Meg.

A la mañana siguiente acudimos al comedor atraídas por el sabroso olor de pan recién horneado y el rico aroma de café fresco. Untamos dulce mantequilla y mermelada de fresa en crujientes panecillos, bebimos un café negro y fuerte e hicimos planes para el día. Meg sabía cuáles museos visitar primero y a cuáles acudir más tarde. Sabía dónde comer barato. Con su docta información, trazamos nuestro curso con tanto cuidado como un general los planes de sus batallas.

Al final del día, con dolor de pies y una sobredosis de arte renacentista, nos derrumbamos en las sillas de hierro forjado de un café en la acera. Cuando nos llevaron a la mesa una garrafa de vino y un plato de antipasto, bebimos el tinto de Toscana y comimos delgadas rebanadas de pan cubiertas con tomate, albahaca y aceite de oliva. Y empezamos a charlar.

El primer día hablamos de arte y arquitectura, de escultura y pintura, la una asombrando a la otra con sus conocimientos y, a veces, con su ignorancia. Cuando terminamos la lista de Meg en Florencia, fuimos a Siena, San Gimmignano y Fiésole. Una mañana nublada, con algo de bruma, salimos del convento incluso antes de que se hubieran levantado las monjas y tomamos un tren. El sol empezaba a subir justo cuando salíamos de la estación de tren de Venecia. Tomamos nuestro vino y antipasto vespertino en un pequeño restaurante frente a un canal, justo antes de tomar el tren de regreso a Florencia.

En Venecia, habíamos empezado a hablar de algo más que sólo lo que habíamos visto durante el día. Pasamos a otras cosas, a temas que no habíamos incluido en las tarjetas o las cartas que nos habíamos mandado a lo largo de los ocho años que ella llevaba viviendo en Washington, D.C. y yo viviendo en Portland, Oregon. Tocamos puntos que, de alguna manera, no habíamos mencionado en las conversaciones telefónicas, por ejemplo, dónde comprábamos nuestra ropa. Hablamos de cosas que imprimen profundidad y sombras en las relaciones, como los libros y las películas nuevas que nos habían gustado. Compartimos cosas que nos resultaban lo bastante importantes como para hablar en persona, pero que parecen inadecuadas para una plática durante la cena de Navidad, como mis problemas con mi vieja madre y mi hermano alcohólico.

Descubrimos que las dos pensábamos que era divertido andar en un vehículo deportivo, pero que jamás compraríamos uno. Me preguntó cómo me gustaría que me llamaran sus hijos cuando ella y su marido los tuvieran. Hablamos de los arreglos que estaba haciendo para mi jubilación y de los planes para su carrera, antes y después de la maternidad.

Gradualmente, sentadas ahí, bebiendo el vino y mirando cómo giraba el mundo, nos pusimos al tanto de nuestras vidas. Para cuando llegamos a Roma, habíamos adquirido algunos hábitos. La primera tarde fuimos a la Piazza Navonne, que es la preferida de Meg de entre las muchas plazas que hay en Roma, y vimos a los niños jugando con el agua de la fuente. Al día siguiente, a la hora de nuestro vino, ella consultó el mapa, caminamos unas cuantas calles y finalmente encontró la que buscaba, una que nos llevó a una plaza que tenía el mejor ángulo para ver perfectamente el Panteón. Encontramos un café, nos sentamos, y vimos cómo sacaban montones de sillas para los servicios del domingo de Ramos.

El Panteón había sido un sitio de veneración durante más de tres mil años y también lo sería ese domingo. El día que fuimos a la Catedral de San Pedro, escuché el ruido de los tenis de los turistas que se mezclaba con siglos de oraciones suspiradas, mientras buscaba la estatua de María y Jesús de Miguel Ángel, la Pietá. Meg estaba más dedicada a cumplir una misión que en ver las estatuas. Le habían encargado que comprara agua bendita para su suegra, pero no sabía cómo hacerlo. Dijo que quizá podría cumplir su tarea con "un simple toma y corre". Le dije que no, que eso era demasiado vulgar. Por fortuna, un sacerdote italiano que hablaba inglés se compadeció de nosotras. Después de que nos contó que le gustaba la Pepsi, para demostrar que sabía hablar nuestro idioma, nos llevó a la sacristía donde un pelotón de sacerdotes se estaba vistiendo para decir misa. Siguiendo sus instrucciones, uno de ellos llenó una botella de agua bendita para "la suegra de la joven damita de Nueva Jersey". Jamás supimos por qué pensó que la suegra de Meg vivía en Nueva Jersey.

Cada día explorábamos callejuelas cerca de nuestro hotel, eligiendo una pequeña trattoria para cenar o encontrando otra iglesia que visitábamos. Gracias a una chocolatería, que olimos mucho antes de ver, supimos de los enormes huevos de chocolate, envueltos en papel de celofán, que los italianos regalan en Pascua. Compramos algunos huevos pequeños para llevar a casa de regalo, nos los comimos en la habitación del hotel, compramos unos cuantos más y también nos los comimos.

El último día completo que tuvimos, visitamos las ruinas de la Roma antigua. Era domingo de Ramos, y debido a una procesión durante ese día santo, no había autos en la calle. Sin el horroroso tráfico romano, caminamos por el Coliseo, recitamos lo que nos acordamos del discurso de Marco Antonio de "amigos, romanos, conciudadanos" en el lugar indicado en el Foro y luchamos, empleando mi herrumbroso Latín, para traducir antiguas palabras grabadas en la piedra.

Las dos semanas pasaron velozmente. En el avión de regreso a casa reímos por todas las cosas graciosas que habíamos conocido una de la otra durante este viaje. El gusto de Meg por las fuentes. El mío por los letreros. El fetichismo de Meg por las puertas. Mi inesperado deseo de ver las puertas del Baptisterio en Florencia, en lugar del David de Miguel Ángel. Entre las dos habíamos sacado varios rollos de fotos, habíamos enviado a casa tres cajas de cerámica y habíamos reunido innumerables anécdotas de plazas, pizzas y rateros. También habíamos comprado muchos regalos. Cuando llené la forma de aduana anoté: chocolate de Pascua, libros de arte, papel florentino, aceite de oliva y corbatas de seda. Pero la ley de Estados Unidos no pide una relación de los regalos más valiosos que traje de mi viaje.

Meg me ayudó a ver la cultura del Viejo Mundo a través de mis ojos del Nuevo Mundo. Gradualmente, con el transcurso de las dos semanas que pasamos juntas, las dos empezamos a ver una vieja relación, de madre e hija, con otros ojos. Sin perder a la hija que siempre había amado, empecé a ver a la mujer en la que se estaba convirtiendo. Ella encontró el esquema de la mujer que siempre he sido, pero que estaba oculto en su madre. Mi hija me regaló la luna, dos estrellas e Italia, pero Italia nos enseñó la luna, las estrellas y el universo de una dentro de la otra. Ningún regalo podría ser más valioso.

PEGGY BIRD

Crisálida

Siento como si la carterita de cerillas, un recuerdo de mi solitario retiro en Cradle Mountain Ridge, me quemara la mano cuando el recuerdo ligado a ella recorre mi mente, extendiendo su calor por mis neuronas. Sentimientos que no he experimentado en casi tres años brotan a la superficie, y recuerdo...

Había escogido un lugar remoto para alejarme de todo, de mi empleo, de mi familia y de él. Pero, sobre todo, tenía que recuperar el yo que había perdido con sus inseguridades y también por mi inseguridad respecto a él. Me sentía vacía y fuera de lugar, perdida y desnuda. Hacia donde quiera que mirara, pensaba en lo que habíamos compartido y en lo extraña que me resultaba la vida sola. ¿Cómo se pasa de dos a uno, de nosotros a yo? ¿Alguna vez había existido «yo» en nuestro matrimonio?

Mi terapeuta me sugirió que me «tomara» unas pequeñas vacaciones. Yo había pensado que no había mejor lugar que Tasmania, al otro lado del mundo.

El refugio de Cradle Mountain era una hermosa estructura de madera de dos pisos, con un tejado muy inclinado y un enorme porche. La neblina cubría el bosque, ocultando el pico de la montaña. El aire olía a pino y era tan limpio y puro que casi hacía daño al respirarlo. Mi primer pensamiento fue que seguramente me gustaría ese lugar.

Mi cabaña estaba anidada entre los árboles y era difícil verla desde la carretera. Había madera recién cortada amontonada junto a la entrada. En el interior, un enorme fuego vigilaba la habitación y la pequeña cocina contenía todo lo que alguien pudiera necesitar. Un pequeño porche miraba hacia un estrecho arroyo y un delgado patio con dos pequeños wallabies y un osezno uombat. Estaba encantada.

Jamás había salido de vacaciones sola y encontraba que era una experiencia incómoda, pero extrañamente reconfortante. A pesar del agradable ambiente, no sabía bien a bien qué hacer.

—Bien, muchacha —me dije finalmente—, si vas a atacar las cosas sola, más vale que lo hagas bien. Veamos... ¿abro una botella de vino? ¿Qué tal un par de galletas con un poco de brie?

—¿Dices que sí? Pues bien, todo pinta como que pasaremos una estupenda velada.

—Un fuego estaría bien. ¿Te acuerdas cómo se enciende una chimenea?

—Vagamente —repuse, contenta de que mi terapeuta no me pudiera escuchar dialogando sola.

Me sentí orgullosa cuando, después de echarme un clavado en mi preparación lejana de Girl Scout, pude encender la chimenea antes de lo que esperaba y con sólo tres cerillas.

En breve, el fuego lamía los maderos, consumiéndolos. El calor radiaba hacia el exterior como ondas de un estanque, envolviéndome con una cómoda manta caliente. Me sumí más en un sillón muy mullido, casi fundiéndome en él, y entonces noté que estaba nevando. Por la ventana vi los enormes copos flotando suavemente de aquí para allá antes de caer sobre una superficie horizontal. El vino atrapó la luz y reflejaba salpicones rojos de tentáculos de color en el muro, hipnotizándome. Cuando el ácido tánico del vino jugaba con mi lengua y tejía su camino para llegar a mi estómago, el brillo empezó a extenderse por todo mi cuerpo llenando finalmente mi cerebro. Nunca antes había conocido tanta paz, tanta tranquilidad.

Entonces, en el muro alumbrado por los destellos de la luz del fuego vi infinidad de escenas que empezaban a bailar ante mis ojos, como si la película de mi vida estuviera pasando ante mi vista. No podía desviar la mirada. Me pregunté perezosamente si estaba despierta o dormida, pero no contesté y, además, no me importaba. La película empezó con imágenes de mi infancia, de un niño que me molestaba y yo lo molestaba a él. Los dos pequeños soltaban a llorar y yo podía sentir el dolor, el propio y el de mi compañero, tal como lo podría sentir un niño cuya carne delicada acaba de ser rebanada, pero ahora doblemente porque estaba consciente de haber provocado dolor.

La exhibición prosiguió, mostrando hechos de mi pasado, algunos de ellos que me enorgullecían, tal vez demasiado, y otros que lamentaba. A medida que giraba el carrete, la herida en mi interior parecía crecer. Entonces, mi matrimonio y su lenta decadencia desfilaron ante mis ojos. El caparazón protector con el que me había escondido se derritió y mi pena brotó como petróleo de un tanque con fuga. Las lágrimas de lo más profundo de mi alma, durante tanto tiempo contenidas en mi interior, brotaron con fuerza. Lloré y lloré, mucho y con sollozos, durante un tiempo que me pareció eterno, segura de que no podría aguantar tanto dolor.

Con ojos borrosos vi cómo las imágenes empezaban a cambiar. Los niños, si bien se peleaban, también se abrazaban y salían caminando con las manos tomadas. Los momentos de orgullo parecieron más humildes, el comportamiento más tolerable. Fue como si el Señor me hubiera dado una oportunidad para volver a arreglar las escenas a mi gusto, a re-escribir mis partes del guión, a actuarlo una y otra vez hasta que lo sintiera correcto.

Con esta nueva visión del guión de mi vida, pude ver con claridad las situaciones que habían conducido a mi divorcio, inclusive la parte que antes no había reconocido. Con cada escena esclarecida y revisada, disminuía el dolor y la carga que tanto me habían pesado. Los fuertes sollozos se calmaron, vino un llanto reparador y después lágrimas suaves que rodaron silenciosamente por mis mejillas. La cabeza y los hombros, durante tanto tiempo cargados hacia delante por el remordimiento y la desesperación, empezaron a erguirse y a enderezarse a medida que me iba deshaciendo del peso de mi pasado.

Una conciencia clara de mi entorno me despertó de mi contemplación. Era como si la habitación, de hecho, hubiera salido de este mundo y acabara de regresar. Yo seguía sentada en el gran sillón y la copa de vino seguía entre mis dedos, medio llena y sin que se hubiera caído nada. Del fuego sólo quedaban brillantes rescoldos y sólo había la lumbre ocasional de una flama. Afuera, varios centímetros de nieve recién caída y el cielo de la noche que empezaba a clarear por el amanecer. Sin embargo, yo no sentía ni recordaba haberme dormido o despertado.

Un escalofrío me erizó la piel de los brazos, no sé si por el frío o por mi nueva conciencia, no estaba segura. Me sentí tan renovada como mi nuevo entorno cubierto de nieve, pero también tan sabia como un viejo sabio, tan frágil como un copo de nieve y tan dura como el acero. Sabía que mis bases se habían desmoronado, que las había vuelto a construir y que mi Yo, si bien agrietado y parchado en algunos lugares, seguía en pie, más fuerte que antes. Estaba preparada para empezar a edificar mi vida sobre esta sólida base.

Cuando veo la carterita de cerillos en mi mano, recuerdo el día, hace tres años, cuando salí del capullo que yo misma había construido y empecé a volar sola por primera vez, una mariposa en un viaje para descubrirse.

CHERYL TERPENING

Día de Acción de Gracias en Tucson

—Ni sueñen que yo voy a escalar —anunció la pequeña Marisa, de once años, al tiempo que salía de su cama.

—No importa —dijo Kathy—, de cualquier manera ya vamos a salir tarde.

Más que nada, quería tranquilizar a Kathy O'Toole, la madre de Marisa y mi mejor amiga desde que íbamos al jardín de niños. Al parecer, no podría darle el gusto de ir al único lugar que había dicho que quería visitar.

Claro que el solo hecho de estar reunidas para Acción de Gracias era estupendo. En verano, las dos habíamos vuelto a Nueva York para visitar a nuestras familias, pero nuestras obligaciones sólo nos habían permitido hacernos una breve visita. Habíamos esperado, ansiosamente, el fin de semana largo de Acción de Gracias para ponernos al día y para recuperar el aire después de un año difícil. En los cuarenta y cuatro años de amistad, una cantidad más que suficiente de problemas y penas habían golpeado a Kathy una y otra vez. Cuando estaba muy preocupada porque la salud de su madre, que vivía a 600 kilómetros de distancia, estaba empeorando, ella se había quedado sin trabajo, porque su empresa se había fusionado con otra y habían eliminado su puesto. Meses después, cuando Kathy estaba en Nueva York ayudando a su madre, ésta murió y los problemas de salud de su padre se agravaron, en parte debido a la pérdida de su compañera de más de cincuenta años, a quien amaba muchísimo. Por supuesto que también estaba el 11 de septiembre que devastó a todo el mundo, pero especialmente a los neoyorquinos. Kathy había asistido a la universidad en Nueva York, y había vivido y trabajado en esa ciudad durante muchos años. Estos sólo eran los problemas grandes que había llevado en su interior. Pero también estaban las cosas "pequeñas" que estaba manejando, como una mala reacción al medicamento que había tomado cuando le hicieron una endodoncia o, después de que había sido despedida de la empresa, la entrevista para un empleo que no salió bien.

Yo quería conseguir que se sintiera bien, pero yo apenas estaba saliendo de mi hoyo. El hecho de que yo estuviera pasando por un mal momento al mismo tiempo que ella no era nada extraño. Nuestras vidas siempre han sido paralelas en sentidos muy extraños. No es sólo que estuviéramos en la misma tropa infantil, que tuviéramos padres que pertenecían a la Sociedad de Padres y que cosieran y cocinaran juntos, que nos graduáramos de la misma licenciatura y en universidades parecidas, que las dos nos casáramos con italoamericanos, que nuestros hijos nacieran con pocos meses de diferencia y que nos fuéramos a vivir al sudoeste con sólo un año de diferencia. Aun cuando estos hechos innegablemente representaban un territorio común, la relación que existía entre nosotras era más fuerte y profunda que todo esto. Desde el primer día del jardín de niños, cuando nos separamos de nuestras madres en la puerta, si algo malo le ocurre a Kathy —y aclaro que no se lo deseo en absoluto— jamás me asombra que en mi vida ocurra lo mismo. Pero también cuando estoy pasando por buenos tiempos, no tardo en contárselo, para que ella sepa que la buena suerte está por llegarle. Ese año no había sido la excepción, aun cuando los baches de mi carrera y los problemas de salud de mis padres no habían sido tan serios como los de ella. Sin embargo, perdí a mi abuela Ree pocos meses después de que ella perdió a su madre; yo estaba tratando de consolar a Kathy cuando quedé azorada por mi dolor ante este golpe.

Kathy y Marisa habían viajado durante seis horas desde el sur de California hasta nuestra casa en Tucson para pasar Acción de Gracias. Sabíamos que estar juntas nos haría bien a las dos. Sugerí que cocináramos algo especial en recuerdo de las mujeres que habíamos perdido. Ella aceptó y trajo la masa de las famosas galletas de jengibre de su madre.

Yo hice salsa de arándanos frescos en memoria de la abuela Ree. Pasamos la mañana del día de Acción de Gracias amasando, cortando, picando, batiendo y decorando, todas esas cosas femeninas que Betty y Ree nos habían enseñado y que ahora teníamos la ocasión de compartir con Marisa. Mientras nos preparábamos para la fiesta, Kathy y yo charlábamos como lo hacen viejas amigas desde niñas. Hablábamos de experiencias que ninguna otra persona de nuestras vidas podía compartir de la misma manera y construíamos nuevos recuerdos que siempre serían especiales tan sólo para nosotras dos. Ella provocaba que saliera mi parte graciosa y, en ocasiones, yo empezaba a decir algo, ella asentía ligeramente y terminaba lo que yo estaba diciendo.

—No sé para qué me molesto en hablar —dije mientras pelaba una patata.

La velada fue perfecta. La cena que preparamos estaba deliciosa. La conversación estuvo muy entretenida. La risa bailoteaba por la mesa. Después llegó el viernes, el día que habíamos pensado cumplir el deseo de Kathy para ese fin de semana. Unas semanas antes me había contado de unas depresiones redondas en una enorme piedra que había visto en el parque regional de la Ruta de las Misiones, cerca de su casa en San Diego. Ante esas añejas piedras de molino se había sentido conectada con las mujeres que las habían hecho, dejando evidencia de su trabajo, preparando el cereal para alimentar a sus familias. Los ecos imaginarios de las conversaciones que compartían le tocaron las cuerdas del corazón. Me preguntó si había piedras de molino cerca de Tucson que pudiéramos ver. Le dije que, hasta donde yo sabía, el único lugar donde se habían encontrado piedras de molino de los indios americanos requerirían que subiéramos 8 kilómetros de escarpado camino para llegar al cañón de Pima, donde estaba el lugar, y que ante nosotras teníamos a alguien que se negaba a escalar.

—No pienso caminar los 16 kilómetros del viaje redondo —dijo la pequeña Marisa con toda claridad.

Repasé otras opciones. Kathy y Marisa decidieron que fuéramos a Sabino, donde podíamos tomar un transporte que nos subiría a la punta del cañón y caminaríamos de regreso. Empacamos la comida y partimos. Era un día precioso, con algo de viento pero cálido.

Convencimos a Marisa de que caminara más y que viajara menos en el transporte de regreso. Disfrutamos del sol, de la vista de los escarpados riscos con sus cactus saguaros que parecían centinelas y del cielo azul profundo del desierto. Como sabíamos que ahí habían vivido habitantes originales, llevábamos los ojos bien abiertos por si acaso. En un lecho del río prácticamente seco, encontramos una forma perfecta de bañera, labrada en una roca por años de monzones soplando en verano. No era un hoyo de molino, pero era lo más próximo a uno que habíamos encontrado antes de salir del cañón.

—El año pasado hice un programa de dos semanas para subir a esa montaña —dije, señalando hacia ella, cuando volvimos a la ciudad y me detuve en el primer semáforo.

—¡Mira esas casas en la montaña! —contestó Kathy dirigiendo la mirada en esa dirección.

Sin dudarlo, puse las direccionales y viré en la carretera. Pasamos por la planta baja del Ventana Canyon Resort para ver más de cerca las casas que estaban construyendo en los desfiladeros del rededor. Al salir de ahí, vi el letrero de un estacionamiento al pie del camino.

—¿Quieres que veamos? —pregunté. Ella asintió con la cabeza.

Nos estacionamos justo al lado de la vereda. Marisa prefirió esperarnos en el auto, en lugar de venir con su madre y conmigo durante los veinte minutos que decidimos dedicar a caminar por la vereda. Llevábamos un paso veloz, esperando cubrir el mayor terreno posible en nuestra mini escalada. No habíamos podido hacer nuestra excursión a Sabino, pero esto no estaba mal y como íbamos las dos solas, la conversación era más íntima. Cuando miré el reloj para saber qué tan cerca estábamos de nuestros diez minutos para dar la vuelta, las dos nos detuvimos en seco. En una roca en medio de la vereda había dos hoyos de piedra de molino. Sin decir una palabra, las dos nos agachamos y tocamos las depresiones que nos conectaban a través del tiempo con las mujeres que los habían hecho y usado. Sus voces parecían suspirar por entre las ramas de los mezquites. Cuando nos levantamos, chocamos las manos, dimos la vuelta y empezamos el regreso.

Nos acercábamos a la última curva del camino, un poco antes del estacionamiento, y un halcón hembra Harris se clavó para pararse en una rama, a unos quince metros de donde estábamos. Dos mujeres jóvenes aparecieron y se detuvieron junto a nosotras a observar. Después se nos unieron una mujer mayor y su marido. Tres generaciones de mujeres disfrutamos el espectáculo del halcón. Cuando nos había reunido y todos estábamos charlando y admirándola, emprendió el vuelo. En la cabeza del camino nos despedimos de los otros caminantes. Kathy y yo regresamos con Marisa, que parecía casi asombrada de vernos de regreso tan pronto.

Habíamos encontrado los hoyos de la piedra de molino y, con ello, otra conexión entre nosotras y las mujeres que habían preparado fiestas de agradecimiento antes que nosotras. Preparamos las comidas en su honra y habíamos pasado a Marisa la tradición de mujeres que trabajan juntas para crear una comida. Ese día de Acción de Gracias en Tucson, estuvimos la una para la otra de una manera que nadie más podría estar, como mejores amigas desde jardín de niños.

MARGE PELLEGRINO

Caminando con el viento

El viento soplaba, azotando la lluvia contra las ventanas del ático. Esa furiosa tarde de invierno, la oscuridad empezó a perseguir los últimos rayos de la luz de día poco después de las tres de la tarde.

Eden, mi hija de cuatro años, había estado viendo Plaza Sésamo conmigo y, repentinamente, se alejó de mi lado. Caminó como pato hasta el salón de la entrada y durante algunos minutos estuvo peleando con sus botas hasta que consiguió ponérselas. Esperé a que me pidiera ayuda, pero no lo hizo. Misión cumplida, desenganchó su chaqueta roja del perchero.

—¿Piensas ir a alguna parte? —dije ahogando la risa. Yo pensaba que, seguramente, se dirigiría a su casa de juguete y que me invitaría a tomar el té, servido por entre las cortinas de la ventana de su minúscula cocina.

—A casa de Danielle —contestó Eden que, a pesar de su corta edad, hablaba con la misma seguridad que mi jefe de cuarenta años.

Me dejó atónita. Frené mis pasos para no ir a la ventana y cerré la boca para no decirle que la tormenta podría tragársela y llevarla hasta la tierra de Oz. El hecho de que se hubiera vestido para salir al frío era muestra de su juicio maduro y yo no iba a retenerla.

Tomó su paraguas de Minnie Mouse y casi no podía juntar los brazos para sujetar el mango. Probablemente tenía las mangas del suéter enrolladas en los codos. Resistí la tentación de arreglarla y observé en silencio.

—Te llevo en el auto —dije finalmente. Cuando hace buen tiempo, los 150 metros para llegar a casa de Danielle son un paseo tranquilo y no hay que cruzar calles.

—Ya no soy bebé —repuso abriendo la puerta y asomándose.

En ese momento, podría haber usado palabras amenazantes, como oscuro o peligroso, o podría haberle recordado que su hermana regresaría pronto de su clase de baile y que, entonces, haríamos galletas.

—¿Me das un beso? —dije en cambio.

Se volvió radiante y el hoyuelo de su mejilla derecha se acentuó. Sus húmedos labios dejaron un cálido círculo en mi mejilla. Sus brazos, entorpecidos por la chaqueta, reposaron un breve instante contra mi pecho. Después, abrió la puerta de la calle y salió.

Corrí al teléfono.

—Eden acaba de salir sola camino a tu casa —dije a la madre de Danielle y colgué. Me puse el abrigo, saqué un paraguas y corrí a la lluvia con mis zapatillas de suelo de goma.

Seguí a mi bebé a cinco metros de distancia. Ella caminó luchando con el paraguas contra el viento, dando pasos torpes, sin mirar atrás ni una sola vez. El brillo de la farola de la calle iluminó la lluvia que caía sobre su paraguas y chorreaba sobre su corta espalda.

Yo no había tenido indicio alguno de que este ritual iniciático estaba a punto de llegar. La bebé que había aprendido a caminar hacía muy poco ya era dueña de sí misma, ya empezaba a alejarse de mí, enfilándose hacia la oscuridad sin miedo alguno. En la tormenta de esa noche yo estaba perdiendo a mi niña y, en su lugar, estaba apareciendo la mujer que un día recorrería el orbe.

Una luz rectangular salida de la puerta que se abrió me indicó que la madre de Danielle la estaba esperando. Eden fue invitada a pasar y jamás supo de las saladas lágrimas que sentí en mi boca.

No había llegado la primavera cuando Tomm, mi nena de nueve años, anunció que quería ir a un campamento donde tendría que quedarse a dormir. Su inmensa pasión por todo tipo de animal extraviado, desde orugas hasta conejos, de repente habían pasado a ser un juego de infancia; ahora quería asistir a un campamento para hacer teatro.

—¿Cuál de tus amigas piensa ir? —le pregunté.

—Ninguna —repuso, jugando con el lóbulo de mis orejas y agarrando mis aretes.

Cuando esta niña sólo tenía dos años y medio, yo le había asignado la tarea de vaciar la lava vajillas y jamás había roto un plato. ¿Por qué me asombraba ahora su confianza en sí misma?

A las pocas semanas, cuando estábamos sentados viendo las presentaciones del campamento, ahogué mi deseo de prender a mi bella hija con alfileres sobre terciopelo, como si fuera una rara y preciosa mariposa.

Una noche, después de que la arropé en su cama y me disponía a contarle alguno de los cuentos para dormir que sólo nosotras compartíamos, acercó sus bellos ojos almendrados a mi cara tan cerca como permitían nuestras narices y me hizo una asombrosa declaración.

—Mamá —me dijo—, cuando sea mayor quiero ser como tú y no como una mamá de la Sociedad de Padres.

—¿Qué quieres decir con eso de una mamá de la Sociedad de Padres? —repuse riendo nerviosamente, con el dejo de culpa de la madre que trabaja en su carrera.

—Tú tienes tu vida.

Quise decirle que ella era mi vida, que ella y su hermana eran el centro de mi universo, pero ella me estaba poniendo a prueba. Yo, para aprobar, tengo que dejar que ustedes sean lo que quieran ser, y no convertirlas en las portadoras de mis crudas morales y mis temores.

No dije nada.

Cuando subió al autobús que la llevaría al campamento que había escogido, la enorme mochila rosa hacía que se viera muy pequeñita. Sus piernas de potrillo salían de sus zapatos tenis y sus ojos oscuros estaban muy serios. La enorme flor amarilla de su sombrero era la única que restaba su aspecto de Bambi perdido.

—No conozco a nadie —me susurró al oído como si apenas se le hubiera ocurrido. Su cálido aliento, con el aroma sabor a chicle de su brillo labial me despertó las ganas de llevármela de regreso a casa.

—Cuando llegues a ese lugar ya tendrás alguna amiga —le dije.

Y así fue.

Cuando llegó el momento de que Tomm fuera a la universidad, optó por la institución más grande que la aceptara y, varios meses después, tuvo que viajar cinco horas en tren para que le dieran orientación estudiantil. Un día después, yo tomé un avión para asistir a una junta paralela con los padres de los estudiantes. Quedamos que las dos nos encontraríamos en el despacho del consejero.

Yo permanecí sentada mientras los padres hablaban de su angustia por la separación, del duelo por ser descartados. Estaba rodeada por adultos aturdidos que aceptaban que la libertad confundía a sus hijos y que era peligrosa. Cuando sentí que el asombro surgía por el horizonte de mi conciencia, me pregunté si me faltaba un cromosoma secreto. El tipo de vinculación que describían estos padres me parecía un color que mi ceguera no podía ver. Yo había sentido que mi relación con Tomm tenía anclas muy fuertes, pero algo debía andar mal en mi relación materna de todos estos años, porque ninguna de las dos sentíamos la angustia de la separación... No había hablado con ella desde que salió de casa el día antes. Tal vez ni siquiera había llegado. Tal vez no debía haber dejado que viajara sola o, cuando menos, debía haberle insistido en que me llamara al llegar. ¿Qué me había hecho suponer, tan ilusoriamente, que los próximos meses y años simplemente encajarían en su lugar?

Me pregunté si debería haber sido una madre de la Sociedad de Padres. Para mi fortuna, con Eden todavía tenía una segunda oportunidad.

Cambié a Eden a una escuela secundaria privada que nutrió su insaciable sed de conocimiento y en la que yo podía participar más. Pero en un par de años, ella entró de lleno en la adolescencia y me dijo que quería volver a la escuela pública, donde la caja de arena para sus actividades era más grande.

Cinco años después, en uno de los periodos entre cursos de la universidad, Eden me invitó a cenar sushi. Me dijo que había decidido ser productora de cine, pero que la quería hacer en grande. Me preguntó si yo pensaba que era poco práctico, me explicó que era una industria de competencia descarnada y me dijo que tendría que mudarse a California, pero que no tenía relaciones. Me comentó que la alternativa más fácil sería llegar, con seguridad, al mundo de las corporaciones de Nueva York, donde le habían ofrecido varios interinatos.

El hoyuelo de la niña de cuatro años seguía apareciendo en su mejilla derecha. Mi hija seguía caminando contra el viento, seguía luchando con su paraguas de Minnie Mouse, empapada por la lluvia, pero sin miedo.

Sentí la boca fría, pero mis manos alrededor del tarro de té estaban calientes. Ésta era mi última oportunidad de retener a mi pequeña, de tenerla cerca y segura.

—La harás en grande —susurré, dándome cuenta de que mi labor siempre había sido quitarme del camino.

TALIA CARNER

Acolchando un legado

Como todos los lunes, llego a casa de mi madre para la cena familiar. El olor a pollo en salsa y el pan hecho en casa salen de la cocina y sólo puedo pensar en quitarme los zapatos para que mis pies y mi mente descansen un poco antes de cenar. Pero mi madre va sacando metódicamente de las cajas que tiene junto a ella una colcha bordada tras otra y enseñándome con orgullo esos bellos trabajos. Está preparándose para la exhibición y venta de colchas hechas a mano, que la Iglesia Metodista Elmhurst United de Oakland, California organiza cada dos años. Los pasados diez años, mamá ha supervisado a las costureras de su iglesia que bordan este tipo de colchas. Su grupo no sólo ha cosido colectivamente los pedazos de muchas de ellas, sino que sola también ha bordado algunas de estas colchas hechas de retazos de tela.

Mamá se pone de rodillas sobre la suave alfombra beige mientras saca cada colcha de su caja y la extiende sobre el suelo. Yo me pongo de pie y analizo la colcha, corriendo los dedos por los variados diseños, admirando las puntadas y las muchas telas, texturas y estampados. Conforme reconozco los diseños, repito en voz alta cada uno, tratando de recordar su nombre y significado.

—Claro, la llave inglesa vira la rueda de la carreta hacia la cabaña de maderos y después hacia la estrella del Norte y Canadá —digo—. Veamos... estos triángulos miran en cuatro direcciones, ¿Qué significan?

—Ésos son los gansos en vuelo —dice mamá, levantando la mirada mientras saca otra colcha más–. Si juntas ese diseño a otros, como el camino del borracho, el crucero de caminos y la cabaña de maderos, armarás un mapa hacia la libertad.

Vuelvo a recordar todo, a recordar que los diferentes diseños y figuras eran usados como mapas de los caminos subterráneos, que eran el lenguaje cifrado que usaban los esclavos fugados que huían hacia el Norte en busca de su libertad. Las esclavas cosían los pedazos de las colchas y las colgaban en las ventanas y en los muros, ofreciendo rumbo y consuelo a los que huían. Para los que habían tomado la valiente decisión de huir de su esclavitud, debe haber sido un gran rayo de esperanza saber que, a lo largo de su camino, encontrarían ayuda de los abolicionistas. Me maravilla esta forma de arte que ha ido pasando de generación en generación, describiendo un capítulo importante de la historia de nuestro país.

Mientras admiro una de estas colchas, de textura contrastante entre las telas suaves y las rugosas, recuerdo la serie de conferencias que mi madre pronunció hace unos cuantos años, en el mes de la Historia de los Negros. Recuerdo también la vez que la sustituí. Al principio estaba muy nerviosa y aferrada a las notas que había sacado de la investigación que mamá y yo hicimos. Empecé con un poco de historia, con hechos que pocas personas conocen, inclusive afroamericanos. Con voz temblorosa empecé a transmitir la información que tantas veces antes había escuchado que mi madre expresaba con enorme facilidad y sin esfuerzo alguno. Sin embargo, conforme fui avanzando, los relatos de las personas que habían hecho las colchas me llenaron de orgullo y confianza. A medida que iba hablando, las palabras me daban fuerza y, entonces, descubrí que al compartir las historias de mis antepasados, estaba haciendo un homenaje a sus vidas. Mis valientes antepasados afroamericanos habían aguantado sus sufrimientos con dignidad. A pesar de innumerables penurias, habían registrado la historia de su asombroso viaje y supervivencia, uniendo con arte algunas piezas de tela con aguja e hilo.

Después de la presentación, algunos comentarios de agradecimiento y preguntas fueron mi recompensa. Salí de ahí sintiéndome tranquila y en paz, sabiendo que lucha de las personas que hicieron estas colchas no había sido en vano. Su legado son estas colchas que siguen contando sus historias.

Mis pensamientos vuelven a la colcha que tengo entre las manos, a sus vibrantes rojos, azules, verdes y amarillos, cosidos por las mujeres de nuestra iglesia, con manos llenas de amor y compasión. Así, el legado continúa.

Como mamá y yo compartimos nuestro amor por esta artesanía, señalamos las colchas que nos gustan más. Mamá levanta el diseño dos anillos de boda.

—Flo nos dijo que una de sus compañeras de trabajo estaba buscando un regalo de boda. Ésta sería muy bonita —dice.

De hecho, los dos círculos, en azul y rojo, que se entrelazan con el intrincado diseño lucirían perfecto en la cama de una pareja recién casada. Empezamos a doblar las colchas, a guardarlas en las cajas y, entonces, veo que todavía queda una colcha en el fondo de una caja. La saco.

—¿Qué es esto? —pregunto a mamá.

—¡Ah! —dice sorprendida, con lágrimas brotando de los ojos—, ésa es la colcha de mamá.

Me la quita y la aprieta contra su pecho, acariciando la tela amorosamente con las manos. Yo veo la colcha con más detenimiento. Parece como si un grupo de niñas en edad escolar hubiera cosido las piezas, el diseño es irregular, una costura se desvía ligeramente hacia la derecha y tiene un punto saltado.

—¿La abuela hizo esto? —digo asombrada. Mi finada abuela era una maestra para hacer colchas. Esta ciertamente no se parecía a ninguna de las colchas que había visto en su cama de cuatro postes cuando pasábamos nuestras vacaciones de verano en Arkansas.

—Cuando mamá la hizo llevaba mucho tiempo padeciendo su Alzheimer. La traje a casa el año pasado y le he hecho algunas modificaciones y añadido algunos diseños —dijo—, y sigo trabajando en ella. Mira, esto es lo que he hecho hasta ahora.

Me fijo bien y veo las partes que ella ha cosido y recosido, repasando las costuras para enderezar un ángulo torcido.

—Mira aquí, en el centro —me dice.

Miro la colcha a la luz y veo las palabras cosidas en el centro que dicen:

Mi madre hizo muchas colchas. Estaba luchando contra el Alzheimer y no sabía por qué no le salían bien las cosas. Tenía que estar activa y me parece que puedo escucharla diciendo que no enseñe esto. Sin embargo, pienso que su última colcha es bella y me gustaría verla terminada.

—¡Ay, que bonito mamá! —digo con lágrimas en los ojos. Se me ocurre que mamá, al terminar la colcha de mi abuela, no sólo está rindiendo un tributo a su madre, sino también a sus antepasados.

En África, los hombres tejían telas, pero cuando fueron traídos a América como esclavos, las mujeres se volvieron costureras, debido a la tradición europea. La abuela de mi abuela, que fue esclava, le enseñó a hacer todos los diseños y su significado; el Jardín de la Abuela, que es un arreglo de flores; el plato de Dresden, que es una aplicación de dos o cuatro colores alternados y la Estrella del Norte, que es el diseño que trató de hacer en su última colcha. ¡Qué importante debe haber sido hacer esto para ella y así demostrar que podía seguir haciendo colchas hasta el final de su vida!

Abrazo la colcha de mi abuela y me doy cuenta de que tengo un tesoro familiar entre las manos, un legado de la belleza y la fuerza de mis antepasados. Pienso que apenas estoy empezando a captar la fuerza de su historia.

La última colcha de la abuela será exhibida en la iglesia el sábado. Sin embargo, no estará en venta, porque es inapreciable. Fue iniciada con las manos amorosas de una mujer y terminada con las manos amorosas de otra, y seguirá siendo parte del tejido de nuestra familia. Yo también ofreceré mis manos para ayudar a terminar la colcha especial de mi abuela y seguiré uniendo las piezas de las historias de nuestros antepasados, representadas con trozos de telas de brillantes colores, colocados en intrincados diseños de esperanza, valentía y belleza. También le pasaré a mi hija el legado de amor de hacer colchas.

DERA R. WILLIAMS

De yo a nosotros

Seguramente he usado la palabra cientos de veces antes. Sin embargo, nunca jamás adquirió todo su significado hasta que pasé seis meses proyectando la boda de mis ilusiones, seis horas usando el vestido blanco de seda que había soñado toda mi vida y dije un veloz y apresurado adiós a todos los miembros de nuestra familia y a todos los amigos. La palabra es torbellino.

En mi caso, la definición quedó clara como el cristal un domingo por la mañana, a las 3:45 —me había dormido a las 2:15 am— camino al aeropuerto con el cabello mojado.

Durante buena parte de mis treinta y tres años me había preguntado cómo me sentiría la mañana después de mi boda. Salvo por una feliz especie de fatiga —ahora entiendo cómo se debe sentir un gato cuando ronronea—, no sentí mi primera emoción clara sino hasta que mis párpados se abrieron lo suficiente como para detectar una de las primeras islitas del Caribe cuando volábamos sobre ellas. David las había visto antes, pero nadie lo habría supuesto al ver cómo me quitó del asiento de la ventana y me sentó sobre su regazo para que viéramos el panorama los dos juntos. Cuando pidió que le llevaran champán, me percaté de que mi novio se había convertido en mi Príncipe azul del presente, y que llevaba un anillo de oro alrededor del dedo, en lugar de una corona.

Ése fue justo el momento cuando sentí que empezaba la luna de miel, la transición de yo a nosotros.

Mientras David y yo hacíamos lo necesario para recuperar nuestro equipaje y formábamos la cola de inmigración en un sofocante aeropuerto abierto en Bridgetwon, empezamos a armar las piezas de nuestra borrosa recepción de bodas que había tenido lugar pocas horas antes.

"¡Qué bueno que bailaste con mi sobrina!" "¿Pasaste un poco de tiempo con la tía Dee?" "¿Cómo es que nuestros amigos acabaron subidos en el escenario con la orquesta?"

En ese momento advertí a una pareja que iba formada delante de nosotros. Ellos también lucían brillantes aros de oro en sus manos, y las manos de ella estaban muy bien manicuradas, al igual que las mías. Se veían algo inseguros, como nosotros, con la diferencia de que a ella sí le había dado tiempo de secarse el cabello. Fue la primera pareja de recién casados, de entre varias que conoceríamos después durante nuestra luna de miel, que compartió nuestro día de bodas. De alguna manera me reconfortaba conocer a otras novias cuyo gran día también había llegado y pasado como torbellino.

No podía dejar de pensar en mi vestido. El vestido "perfecto", ese reto de compras que una madre y su hija practican tantos años, yacía en casa, hecho montón sobre una cama.

Al deshacer las maletas, David y yo nos dimos cuenta, en seguida, de la diferencia entre una vacación y una luna de miel. Nadar no te enfría... sino que calienta las cosas. La cena no es el final del día, es el amanecer de la noche. Y conocer a gente nueva te da la oportunidad de acostumbrarte a referirte al otro como "mi marido" o "mi mujer".

David, aunque no tenía hambre, comía conmigo. A su vez, yo estuve a punto de igualarle carrera tras carrera. Dormíamos al mismo tiempo, nadábamos al mismo tiempo y compartíamos todo lo que veíamos. Vimos todo, desde anémonas de mar pegadas a la base de un buque-tanque hundido mientras buceábamos, hasta una costa inmensa contemplada desde la cima de algo que después supimos que se llamaba "Camino Arriesgado", al que llegamos en una tartana alquilada. En algún punto del camino, mi incredulidad de que había pasado el día de la boda se esfumó ante la emoción por el futuro de nuestro matrimonio.

Cuando la boda empezó sólo era cuestión de dos personas y cuando terminó era una masa de seres amados entre la cual, no sé cómo, nos perdimos los dos. La luna de miel me hizo volver a lo básico. Además, eso de estar los dos solos en una tierra extraña tiene algo que te recuerda por qué te enamoraste en primer lugar.

No sentí que fuéramos realmente una familia sino hasta cuatro días enteros después de la boda. Esta tarde hubo un maravilloso atardecer, pero eso no fue la señal. Cenamos entre palmeras con luces blancas centellantes en los troncos, pero eso tampoco fue la señal. Lo que me mandó mis primeras señales del matrimonio fue el aperitivo de pescado ahumado que comió David. Él se empezó a sentir mal antes de que nos sirvieran el primer plato y para el postre supe que estaba verdaderamente mal. Tomamos el primer taxi que encontramos y volvimos a la habitación. ¿Qué me estaba pasando? Él se había intoxicado con la comida, pero yo me sentía mal.

En la última noche de nuestra luna de miel, el hotel presentaba un espectáculo de artistas locales que bailaban limbo y hacían otros prodigios que recordaremos mucho tiempo. Pero el momento más inolvidable fue cuando pidieron que todos los lunamieleros nos pusiéramos de pie. De hecho, creí escuchar los pensamientos de las parejas que llevaban muchos años de casadas y decían: "Lucen tan felices... pero pasará".

Era algo que yo también había pensado. ¿Cómo podremos mantener viva esta magia? Aun cuando llevábamos viviendo juntos casi dos años, durante nuestra luna de miel volví a enamorarme como al principio. No quería que la realidad del trabajo y las cenas ante el televisor dejaran este sentimiento en un pasado muy lejano. No espero sentirme como una recién casada toda la vida. Pero, cuando lo necesite, sí me gustaría guardar cerca de mí la imagen de los cálidos ojos café de David brillando burlonamente detrás de la sombrilla de la piña colada.

Al día siguiente, mientras esperábamos el autobús que nos llevaría de regreso, al aeropuerto nos dio tiempo de comer. Cuando David pidió un sándwich de salami y papas fritas a la francesa, en lugar de pastel de pez volador y frituras de plátano supe que, de hecho, había llegado la hora de ir a casa.

Han pasado casi cuatro meses y muchas noches hemos cenado ante el televisor. Algunas de esas cenas las hemos pasado viendo el video de nuestra boda. Gracias al video, a las historias colectivas de nuestros amigos y familiares y a las fotos y el diario que llevamos de nuestra luna de miel hemos podido llenar los huecos que, aparentemente, dejó ese torbellino.

En algún punto del camino he llegado a entender otra palabra mejor que nunca antes: paz.

JULIE CLARK ROBINSON

A Pearlie, con amor

La época navideña trae consigo un torrente de emociones. Para algunos, es tiempo de gran alegría y paz. Para otros, representa la época más loca del año. Pero es triste que, para muchos, sea una época de enorme soledad.

No hace mucho que me sentía presionada y, en realidad, no estaba disfrutando de los preparativos normales para la Navidad. Sentía la necesidad de que la temporada navideña fuera, de alguna manera, un poco diferente, que tuviera un significado más profundo que el torbellino acostumbrado de decoraciones, regalos y festejos. Mi marido y yo hemos sido bendecidos con cinco hijos, familiares y amigos muy queridos y un trabajo que nos gusta y que nos ha permitido vivir cómodamente en nuestra pequeña comunidad junto al mar. Por eso, en Navidad, queríamos compartir, de una manera especial, las bendiciones que la vida nos ha prodigado.

Queríamos hacer algo más que aportaciones de caridad. Nos parecía que girar un cheque o comprar algunos juguetes, envolverlos y dejarlos en algún lugar era demasiado fácil y frío. Yo no sabía exactamente qué podríamos hacer, pero sí sabía que quería que nuestra familia hiciera una diferencia, de alguna manera, en la vida de alguien. Quería un contacto espiritual.

—¿Qué te parece adoptar una familia por medio del Ejército de Salvación? —sugirió mi marido.

—Lo hemos hecho un montón de veces —repuse. Además, estaba bien participar en el programa del Ejército de Salvación para dar cosas a las familias necesitadas, pero no se permitía contacto alguno. Yo quería tener contacto con las personas que ayudáramos, conocer su nombre, preguntarles qué necesitaban o querían y, después, dárselos. No quería leer una lista de personas sin rostro, sin saber nada de ellas, y quería comprar cosas que alguien me hubiera pedido que comprara. Convencida de que podríamos hacer una diferencia, material y personal, en la vida de alguien, en alguna parte, proseguí con mis indagaciones. Sin embargo, todas las organizaciones que encontré operaban de la misma manera: simplemente envíe dinero o regalos para los necesitados, pero no puede haber contacto alguno de persona a persona.

Una tarde estaba ojeando una revista para familias, en busca de ideas para hacer alguna manualidad para la fiesta escolar de mi hija, cuando leí un artículo sobre una organización llamada Proyecto de la caja. Hablaba de familias que establecían un enlace con una persona mayor o una familia de las zonas menos opulentas de Mississippi. El objeto era enviar a estas personas, una vez al mes, una caja que contuviera prácticamente lo que uno quisiera. El proyecto recomendaba que hubiera comunicación entre las partes. Sugería que las cajas llevaran, a veces, artículos que no se pudieran comprar con cartillas de alimentos, pues la mayor parte de las familias recibían esta prestación social. La parte que recomendaba la comunicación llamó mi atención, así que anoté el número telefónico y llamé para pedir más información.

Tuve que esperar mucho, pero finalmente recibí un sobre del Proyecto de la caja. Con ganas de preparar mi caja para alguien a tiempo para que la recibiera en Navidad, llené los datos de mi perfil, que incluía un cálculo de la cantidad que estábamos dispuestos a gastar al mes y una forma impresa donde nos comprometíamos a cumplir con este arreglo. Había que pagar una pequeña tarifa para cubrir los gastos administrativos. También había una nota de advertencia, aclarando que si nos solicitaban un bien descabellado o de precio excesivo, entonces debíamos informarlo al Proyecto de la caja de inmediato. Éste era, pienso, para alimentar el escepticismo. Mi marido me preguntó si no estaba colocándome de pecho para recibir un desengaño.

—¿Qué pasaría si entregas tu alma y corazón al asunto y encuentras que la persona en el otro extremo simplemente quiere recibir todo lo que pueda sacar a cambio de nada? —me preguntó.

Su punto era válido. Mis amigas compartían esa misma preocupación, a veces, incluso rayando en el cinismo. No podían creer que la mayor parte de las personas no fueran oportunistas. Cerrando los ojos con gran fe, me preparé para lo que pudiera venir, más decidida que nunca a que nuestra familia ayudara a mejorar un poco la vida de alguien.

Recibí la carta a mediados de diciembre, unas dos semanas antes de Navidad. Entré corriendo a casa y, emocionada, abrí un sobre excesivamente lleno. El perfil que recibí era de una señora de casi setenta años, de una comunidad rural al sur de Jackson, Mississippi. Se llamaba Pearlie. La información se refería a su talla de ropa, me describía dónde vivía y hacía comentarios generales sobre artículos que le vendrían bien.

Enseguida envié a Pearlie una carta presentándome, como sugería el sobre de información que había recibido, y esperé su contestación. A los pocos días recibí respuesta en el sobre domiciliado y timbrado que le había enviado. Esta también era una sugerencia del Proyecto de la caja. La mujer se presentaba y decía que sentía gran emoción por formar parte del proyecto. No pedía nada para ella por Navidad, pero sí unas cuantas cosillas para su nieta de cinco años, que por el momento vivía con ella.

Llena de emoción, recurrí a la generosidad y el entusiasmo del grupo de segundo grado de mi hija. De hecho, éste fue su proyecto navideño. Cada miembro del grupo aportó un artículo pequeño, por ejemplo, una crema para manos, shampú, curitas y pasta de dientes. Algunos llevaron artículos para la niñita, como crayones, un cuaderno, tijeras, cintas para el pelo y lápices de color. El grupo, en conjunto, escribió una felicitación navideña para Pearlie y su nieta, la metí en la caja con los donativos del grupo y enviamos todo a Mississippi.

Mientras tanto, en casa, preparé otra caja con mi familia para enviarla a Pearlie y su nieta. Compramos algo de ropa para la niñita y algunos artículos de hogar para la abuela. Incluimos una carta, una tarjeta de Navidad y una foto de la familia. En la carta, le pedía que me informara qué objetos le serían más útiles, de modo que yo supiera qué enviarle el mes siguiente.

Me sentí encantada cuando la siguiente carta de Pearlie llegó poco después. Decía:

Seguramente te mandó el Señor. Todo estuvo perfecto y te lo agradezco muchísimo. Éste es el último mes que mi nieta vivirá conmigo. Volverá a casa de su madre en unos cuantos días. La extrañaré, pero no estoy en condiciones de cuidarla. A mi hija le está yendo mejor y ahora la puede tener en su casa. Me siento bien de regresarla con algo de ropa nueva y unos cuantos juguetes. Me encantó todo lo que mandaste. Gracias, gracias, gracias.

Mientras leía con el corazón henchido de alegría, llegué a la parte donde decía lo que le gustaría que le enviara el mes siguiente:

Por favor, ¿me podrías enviar ropa interior de algodón, talla ocho, y un poco de papel de aluminio?

Me quedé perpleja. Esta mujer podía haber pedido cualquier cosa que se le ocurriera y, sin embargo, sólo solicitaba, humildemente, ropa interior de algodón y papel de aluminio,

Ha pasado más de un año desde que empecé a comunicarme con Pearlie y a enviarle cajas todos los meses. Sus cartas, contándome de sus graves problemas de salud, su mudanza a un departamento subsidiado y su emoción por tener acceso a una lavadora, han sido una verdadera fuente de inspiración. Pearlie ha recibido alegría en paquetes muy pequeños. Cuando se mudó al departamento, pidió paños de cocina. A veces ha pedido cosas para darle a su hija. Como es diabética, le han encantado los chocolates sin azúcar que le he enviado. Como está enferma del riñón y tiene que ser sometida a diálisis, está maravillada con los pequeños lujos que le envío para ayudarle a pasar el tiempo durante los tratamientos, por ejemplo, un pequeño tocacintas y bastantes casetes con relatos. Cuando me contó que a veces sentía mucho frío durante la diálisis, le envié un suéter tejido a mano y una manta de viaje. Le encanta recibir lociones y polvos de aromas dulces. Casi todo lo que le mando son artículos básicos, cosas que muchos tomamos por sentado y que para Pearlie son tesoros. Cada pocos meses, me pide un poco de ese buen "papel de aluminio". Yo se lo envío encantada.

Mi abuela murió en diciembre del año pasado. Aunque había llegado la hora de que se reuniera con Dios, para mí fue muy triste que ya no estuviera entre nosotros. En un par de cartas le conté a Pearlie del asunto. Poco después de Navidad, con el desorden que siempre hay después de las fiestas, había perdido la información biográfica de Pearlie, así que le escribí preguntándole cuándo era su cumpleaños.

Su respuesta llegó con el chorro acostumbrado de amor y gratitud. Me decía que se sentiría honrada de que yo fuera su hija o su nieta. Yo también me sentí bendecida y honrada. Di vuelta a la hoja para leer las últimas palabras y, ¡oh, sorpresa!

"Mi cumpleaños es el 20 de febrero", decía la carta. ¡La misma fecha que el de mi abuela.

Mi marido y mis amigas están maravillados con el resultado. Al principio estaban convencidos de que sólo encontraría decepción y desaliento, pero ahora están conmigo para compartir el gran deleite que se deriva de pertenecer a este maravilloso proyecto. Ha imbuido en toda la familia el sentimiento de que dar es, en verdad, mejor que recibir.

Espero que algún día pueda viajar a Mississippi y, entonces, conocer a Pearlie frente a frente. Mientras tanto, nuestras cartas y las cajas mensuales siguen sosteniendo nuestra creciente amistad. Pearlie ha dado a mi familia algo mucho más valioso que cualquiera de las cosas que enviamos en las cajas. Nos ha dado un pedazo de su ser y, en verdad, se lo agradezco muchísimo.

KIMBERLY RIPLEY

Libre de impuestos

La lluvia salpica las ventanas del ferry que se bambolea. Nosotras, que hemos viajado horas para tratar de verla, miramos la oscuridad a través de ventanas empañadas; esta noche la poderosa mujer con la antorcha se ha ocultado. La señora Libertad se esconde, iluminada por atrás en esta espesa bruma, y sólo nos deja ver un manchón de luz mojada.

Llevamos años esperando este momento, el placer de viajar un día entero —bajar por la Séptima Avenida, ir en ferry a Staten Island y regresar, del autobús que sube por la Sexta hasta el Parque y el regreso otra vez— juntas. Somos dos amigas que han hecho mucho por volver a conectarse, una cruzando el océano de un continente a otro, la otra recorriendo carreteras y vías rápidas desde Maryland hasta el norte. El constante chaparrón borra toda separación y distracción, sincopa el habla, el recuerdo y la risa.

Hace muchos años trabajamos juntas. Entonces éramos profesoras, serias y doctas. Nuestros tacones altos y nuestros vestidos nos daban un aspecto más formal. Éramos cultas al grado de que habíamos aprendido uno o dos idiomas antes que los estudiantes a los que enseñábamos, a los que les llevábamos cuando menos diez años.

En aquellos días teníamos que esperar cincuenta minutos para reconectarnos, dejando, cinco veces al día, que la campana avisara que la clase había terminado y soltando a los adolescentes aburridos por la conjugación de verbos y los ejercicios de gramática. Los estudiantes cruzaban la puerta apresuradamente en busca de su interés romántico del día, dejándonos solas y con el encargo de vigilarlos.

Éramos jóvenes y afortunadas, nos habíamos encontrado en la misma escuela y nuestras aulas estaban una frente a la otra en el mismo pasillo. Éramos afortunadas porque, cada año, nos encomendaban vigilar el pasillo y la guardia de los autobuses. Así, nos juntábamos entre clases, vigilando los tristes pasillos de azulejo verde, los casilleros que siempre eran cerrados de golpe y los pisos resbaladizos como pista de hielo y, al final del día, vigilábamos la interminable línea de autobuses amarillos, hasta que partía el último. Éramos afortunadas de tenernos la una a la otra durante el trabajo sucio de las profesoras. Los directores recorrían los pasillos, vigilando nuestra vigilancia, inspeccionando cosas sospechosas, hablando bajito por sus *walkie talkies*. Pero nosotras nos protegíamos.

Nuestra verdadera actividad era charlar y reír. No necesitábamos *walkie talkies*. Permanecíamos conectadas durante los bocados de ruido mientras vigilábamos los pasillos, cinco minutos cada hora. A semejanza de los reos que tienen permiso para visitas breves, nosotras nos reíamos, llorábamos y éramos maestras en compartir nuestras vidas, al mismo tiempo que evaluaban qué tan bien vigilábamos el pasillo, los baños y los autobuses. Nos habían dado un encargo: impedir que los estudiantes corrieran masticaran, empujaran, besaran, mataran, se abrazaran o se pelearan. Nosotras cumplíamos con nuestra obligación, nos veíamos serias y no parábamos de hablar.

Ésos fueron los primeros años de nuestra edad adulta y pagamos nuestra cuota e hicimos lo que teníamos que hacer. Mientras vigilábamos los pasillos, también criamos a nuestros hijos, enderezamos nuestros matrimonios, tomamos decisiones, compartimos fantasías y sueños. Entre los preciosos descansos de cinco minutos, pasamos miles de horas en salones de tabique cenizo: Francés, aula 102; Español, aula 103, cinco clases al día, 150 exámenes por la noche. Era trabajo duro, pero teníamos los minutos que vigilábamos el pasillo, los baños y los autobuses, y nos teníamos la una a la otra, y la risa.

Las dos mujeres, de pie en el pasillo, nos limpiábamos el polvo de tiza de las manos, tratábamos de sacar de nuestras faldas la tinta morada del mimeógrafo y también pensábamos y charlábamos. Pero, en las rebanadas de cinco minutos, sobre todo, nos íbamos labrando y, al atardecer, en el estacionamiento, seguíamos clasificando los asuntos del día. Después, subíamos a nuestros hijos y a nuestras personas en un Corvair para pasar las vacaciones de primavera o, en verano, salíamos a comer al campo, tratando de crecer y de criar a nuestros hijos.

Ahora sólo quedan la lluvia, el vaivén y el motor del ferry. Los casilleros azotados y los abrazos en el pasillo han quedado en el pasado y nuestros hijos han crecido. Estamos más allá de vidas que han sido vividas en descansos y entre mordidas de ruido. Hoy, tenemos el lujo de contar con veinticuatro horas, que se deslizan lentamente.

Por esto te digo: hazte pronto de una amiga que comparta los ratos de la vida contigo. Encuentra a la persona que hará guardia contigo en el pasillo, los autobuses, el matrimonio, la paternidad y que trabajará a tu lado. Límpiense juntas el polvo de las manos. Esperen vivir la vida en distintos continentes. Construyan una barda en torno de los recuerdos y la risa. Y esperen. Llegará el momento, en un autobús, un tren y la cubierta de un ferry bajo la lluvia, para viajar el día entero y pasar junto a una mujer cubierta por la bruma, que vigila a dos mujeres enfrascadas en una conversación sin interrupciones y llena de risa.

DAVI WALDERS

Bien cobijada con amor

Vagábamos por el bosque, disfrutando la fresca brisa de la noche. La luna brillaba entre las hojas señalando el camino. Mi marido encabezaba la tropa. Mamá y papá le seguían, mascullando que era una locura no haberles permitido llevar una linterna. Nuestros hijos iban en medio y yo iba al final, disfrutando la creciente oscuridad. Hablábamos en voz baja, disfrutando el silencio del bosque y la compañía de los demás.

—Si pudieran ser un árbol, ¿qué tipo de árbol serían? —grité a los de adelante.

Los niños mayores no tardaron en entender y empezaron a dar nombres de árboles que les gustaría ser.

—Bueno, siempre me he viso como un roble sólido —dijo mi padre con una sonrisa astuta.

—Sí, papá, no cabe duda de que eres duro como su madera —dije de broma.

—¿Qué piensas que es papá? —me preguntó mi hija de ocho años.

—Definitivamente es un arce rojo, el rey de los árboles —repuse.

—Yo quiero ser un árbol de Navidad —dijo mi hija de tres años con voz chillona—. Tengo calor mamá.

Detuvo la procesión y se quito su capucha de borrego. La metí al frente de mi bolsa de canguro. Su hermano mayor me arrojó su chaqueta también. Me la até alrededor del cuello. Los dos chicos del medio también se desabrocharon las chaquetas y me las lanzaron. Yo parecía más un vestidor infantil, con demasiada ropa, que el delgado sauce que había considerado que me podía personificar. Sin embargo, tenía las puertas abiertas de par en par, con todos los rincones llenos hasta el tope, con cosas desbordándose por los cajones. Estaba hecha un desastre, pero llena.

Pensé que tal vez nuestros temperamentos se parecen más a los muebles que a los árboles. Empecé la maternidad como cuna, meciéndome durante los días de mis embarazos. Me mecí y columpié mientras mi bebé viraba y pateaba en su cómodo capullo. Cuando finalmente me acosté a descansar, sentí que el bebé pateaba para quitarse las cubiertas y dar vuelta en mi interior, listo para jugar. Después de su nacimiento me volví su camita con barandillas. Recuerdo sostener a mi segundo hijo a lo largo de noches sin sueño. Él descansaba su soñolienta cabeza sobre mi hombro, contento de sentir que mi corazón latía junto al suyo, mientras su pequeño hermano se movía en mi vientre. Cuando crecieron me convertí en su banquillo, escalera y, a veces, sofá confidente para dos. Una mecedora no tiene ni punto de comparación con los brazos de una madre cuando el sueño juega a las escondidillas con un niño agotado. Acomodé cabezas somnolientas en el hueco de mi hombro, envolví piernas colgantes con mis brazos y canturreé una canción de cuna suave, sin palabras, que sólo nosotros entendíamos.

Pensando las cosas, soy la hija de un banco de taller. Mi padre, cubierto de aserrín y viruta, pasó horas tallando juguetes, estanterías y muebles en su pequeño rincón en el sótano. Mientras él serraba, lijaba y tallaba, yo me sentaba quieta frente a él y aprendía la importancia de recortar la madera muerta y de pulir la buena. Ahora, mi padre es más bien un armario antiguo. En su interior yacen tesoros y lágrimas que jamás soñé que existieran. Jamás cierra las puertas con llave y aun cuando las bisagras están oxidadas y chirrían, siempre está dispuesto a invitarme a entrar.

Mi madre siempre ha sido más bien un cómodo sofá, del tipo donde una se hunde en el momento que su trasero toca el cojín. Cuando llegaba a casa después de un largo día en la escuela, me encantaba lanzarme entre sus brazos. Crecí conociendo la maravillosa sensación de enterrarme en su pecho, que siempre olía a noxzema y a ropa recién lavada. Ahora soy adulta y más alta que ella, pero miro a mi madre y es como mirarme en un espejo. Ella refleja mi verdadero yo, no una versión glorificada o defectuosa que yo a veces pretendo que sea real. Ella insiste en que me vea tal como soy, sin maquillaje o falsas esperanzas, con una visión clara y honrada.

Estoy casada con un librero. Mi marido guarda recuerdos y los saca cuando estamos tranquilamente sentados. Me ofrece un lugar para depositar mis preocupaciones y una estantería para archivar las cosas importantes que no debemos olvidar. Puede ser portátil o inamovible, dependiendo de mis necesidades. Es sólido y está asegurado al muro, así que no se caerá independientemente de cuánto meta en él. Es el arcón del tesoro de la vida que hemos vivido juntos.

Y mis hijos... ellos son, naturalmente, el baúl de mis esperanzas.

JULIA ROSIEN

Organdí rosa

De pie, frente a su armario, Esther trataba de decidir si se pondría el traje azul marino o la falda gris de lana y una chaqueta. No le gustaba elegir, pero particularmente le disgustaba tener que elegir su ropa. A veces el esfuerzo provocaba que le doliera la cabeza.

No era que tuviera poca ropa ni que su armario no contuviera una gran variedad de prendas finas. Sencillamente nunca estaba segura de elegir el atuendo correcto para la ocasión.

Hoy irían al concierto de una banda que tocaría en el parque, un espectáculo al aire libre en el cual el público se sentaría cómodamente en el césped y bebería limonada. Las jóvenes seguramente llevarían pantalones vaqueros y las mujeres de mediana edad pantalones y un suéter. Esther no quería vestirse demasiado juvenil para su edad ni demasiado elegante para sentarse sobre una manta en el parque.

Sintió ganas de llamar a su marido al cuarto para que le diera su opinión, con una tentación que había sentido a lo largo de todo su matrimonio, a pesar de que nunca había cedido a ella. Volvió a luchar con esa inquietud. Controlándose, sacó la falda gris y la chaqueta, revisó las dos piezas, suspiró, las colocó sobre la cama junto a las perlas que él le había regalado por su cumpleaños y empezó a vestirse.

El recuerdo lejano de algo que rompió su corazón adolescente hacía muchos años invadió su mente.

Él tenía tres años más que ella y era un chico popular que cursaba el último año de bachillerato; ella apenas acababa de entrar a la escuela. No compartían ningún curso y sus caminos nunca se cruzaban, pero ella le había visto a distancia. Y, para ella, era el muchacho más apuesto que hubiera visto jamás. Era alto y delgado, tenía cabello café, con una onda que caía sobre su frente, y hombros perfectos para recargarse en ellos. Siempre llevaba zapatos tenis blancos que le daban un aspecto de liviandad, pero ella, de alguna manera, tenía la corazonada de que no era así en absoluto.

Con un astuto trabajo detectivesco, averiguó cuáles eran sus cursos y cuál su aula central. También averiguó que su nombre de pila era Alan. Pero jamás se le acercó, ni siquiera le dijo hola. Al término del año escolar, escuchó a otras muchachas de la escuela decir algo que provocó que los latidos de su corazón se aceleraran. Él había conseguido un empleo de verano empacando víveres en la tienda donde su madre trabajaba de cajera.

Cuando terminaba de trabajar, la madre de Esther compraba los abarrotes en la tienda antes de ir a casa, así que ella no tenía motivo alguno para ir allá. Pero, como sabía que, cuando terminara el verano, Alan probablemente se iría a la universidad, Esther maquinó algo que jamás habría hecho en otras circunstancias. Un sábado pasó por la tienda para comprar un paquete de chicle. Cuando llegó a la caja, su madre advirtió que miraba boquiabierta hacia el estacionamiento. Ahí estaba Alan, con su blanca camiseta cubriendo los tensos músculos de sus brazos y espalda y con su travieso mechón de pelo brillando bajo el sol. Parecía que, mientras ayudaba a una mujer mayor a subir las bolsas de la compra a su auto, sus tenis blancos le llevaban flotando por el estacionamiento.

—Esther, ¿te sientes bien? —le preguntó su madre, tomándola por el brazo, con claro temor de que su hija estuviera a punto de desmayarse. Esther se preguntaba lo mismo.

Al ver al muchacho que había despertado su adoración desde el otro extremo de los pasillos y los patios de la escuela, quedó tan pasmada que no podía hablar. Las manos le temblaban y se sentía mareada de miedo y de vergüenza. No podía dejar que la viera en ese estado. Sin decir una palabra a su madre, salió corriendo de la tienda hasta llegar a su casa, cerró la puerta con un azotón, se desplomó en un sillón y lloró.

—Esther —dijo la madre cuando volvió a casa del trabajo y encontró a su hija en su habitación clavada en las páginas de una novela—, ¿por qué no sales nunca? Lo único que haces es leer metida en este cuarto. Otras chicas pertenecen a clubes, salen con muchachos o van de compras juntas. Tú sólo te dedicas a leer.

Esther se escondió tras su libro. Su madre siempre trataba de que fuera más sociable, pero Esther se contentaba con sus libros y su tocadiscos. Además, salía lo bastante como para no estar inquieta. ¿Qué no iba a los partidos de futbol del bachillerato? ¿Qué no iba todos los sábados a la biblioteca? ¿Qué más quería su madre?

—Esther, quiero que seas feliz. Quiero que conozcas a un buen muchacho —sentenció su madre.

—No quiero conocer a un buen muchacho, mamá —dijo Esther bajando su libro.

—Pues lo conocerás. Él te vio en la tienda hoy y me dijo que quiere invitarte a ir a un baile de la universidad.

—¡Mamá, no quiero ir a un baile! —saltó Esther—. Además, ¡no tengo nada que ponerme!

—Tienes el armario lleno de ropa.

—Pero...

—Sí, ya sé, no tienes nada adecuado para un baile. Te daré dinero para que vayas al centro y elijas algo bonito. Te divertirás mucho en el baile.

Esther pensó que no tenía otra salida. Siempre había hecho lo que decía su madre. Iría, pero no bailaría. Diría que no sabía bailar. Diría que tenía un pie lastimado.

—¿Quién es el muchacho? —preguntó, al desgaire.

—Uno que te gustará —dijo sonriendo la madre—. Es muy agradable. Es el muchacho nuevo que está empacando las bolsas de la tienda.

Esther sintió que el corazón se le caía a los pies. ¡No podía ser! ¡No podría hacerlo! ¡No podría ni hablar! ¡Se pasaría la noche entera temblando!

Esther no tenía idea de qué ponerse para un baile, sobre todo uno de la universidad. Recorrió la tienda entera, repasó todos los vestidos y escogió, finalmente, uno de organdí rosa, a la altura de la rodilla, con cuello alto y mangas hasta el codo. Se dio cuenta de que no tenía zapatos que le hicieran juego —estaba de moda comprar zapatos forrados de tela y llevarlos a teñir del mismo color que el vestido—. Más tarde, Esther llegó a casa con zapatos rosa.

El baile fue un desastre. Esther estuvo sentada en un rincón, tratando de ser agradable, pero totalmente fuera de lugar. Las muchachas de la universidad, peinadas con chongos, con faldas negras largas rectas como un lápiz y cuellos escotados o blusas de hombros descubiertos, lucían mucho mayores y más sofisticadas de lo que ella se sentía. Nadie llevaba zapatos rosa. Todo el mundo bailó, menos ella y Alan —por pura bondad de éste, en opinión de Esther—.

Mientras Esther se sentía aterrada por dentro y tenía ganas de desaparecer, Alan parecía estar pasándola bien. Charlaba con ella, le sonreía, recorría la orilla de la pista de baile para traerle refrescos y bocadillos, y charlaba con todo el mundo. Pero Esther, cada vez que miraba a la pista de baile y veía a todas esas encantadoras universitarias, se sentía más fuera de lugar, más avergonzada de haberle arruinado la noche a Alan y de impedir que él pudiera bailar con la más bonita.

Cuando llegó a casa esa noche, clavó su cara en la almohada y lloró. Nunca, pero nunca, volvería a darle la cara a Alan. Ella se había visto tan mal con su organdí y sus zapatos rosa, como si fuera una niñita de seis años en una obra de teatro escolar, sentada en un rincón, incapaz de bailar, como la aburrida que era.

La semana siguiente, Alan llamó para invitarla a salir otra vez. De ninguna manera. Nunca. Se sentía totalmente humillada y estaba segura de que también le había humillado a él.

Esther sintió una mano sobre su hombro.

—¿Casi lista?

Se volvió hacia él, mientras acababa de acomodarse el suéter sobre la falda. Falda gris. Suéter gris. Cabello gris.

—Te ves preciosa —dijo él.

—Gracias, pero todo es gris.

—Pero cuando me sonríes —dijo él acariciando su cabello— tus mejillas adquieren un tono rosa radiante y tus ojos parecen un cielo lleno de estrellas.

—Entonces, ¿piensas que luzco pasable?

—Más que pasable, mi bella Esther.

Él le dio un cálido abrazo y ella se sintió enteramente amada y protegida entre sus brazos.

—¿Sabes una cosa? —dijo él— te ves muy bonita, pero jamás lucirás más bella que la noche que me enamoré de ti, con tu vestido de organdí y tus zapatos rosa.

Ella se acurrucó en el pecho de Alan y supo que no se había equivocado al elegir.

B.J. LAWRY

Lunes por la mañana

—¡Juguemos en la LLUVIA! Será tan DIVERTIDO! ¡Me encanta la LLUVIA!

Me despierta la voz de William cantando solo. No es una canción de verdad, pero la última palabra de cada línea va subiendo de volumen en un tono un poco más agudo que el anterior. Me doy la vuelta en la cama y, con un ojo medio abierto, veo que el despertador marca las 6:35. Cierro los ojos, con la esperanza de que, de alguna manera, no sean las 6:35, que no sea lunes por la mañana y que no tenga que salir con William por la puerta, más o menos, dentro de una hora.

—¡Y la LLUVIA! ¡Cayó y CAYÓ! ¡Todo está MOJADO! ¡Vete ya LLUVIA!

El canto persiste. Me quedo en la cama pensando en todo lo que me espera. Estamos a punto de empezar el estira y afloja de todos los días. William tirando hacia el mundo de lo imaginario y yo arrastrándole a la realidad de elegir ropa, desayunar y llegar, él a la escuela y yo al trabajo. No me siento bien porque yo sé cómo ganar la partida y él ni siquiera sabe que está jugando.

Salgo a rastras de la cama y subo las escaleras, trastabillando, hasta el cuarto de William. Lo encuentro acostado entre sus sábanas de Winnie Pooh, con las piernas separadas como águila, y con su pijama de Toy Story, que le queda más bien chico. Me ve y se sienta sonriente. Los rizos de su cabello y los remolinos de la coronilla están en su loca y acostumbrada danza matinal. Casi nunca tengo tiempo para domeñar ese verdadero nido y hoy no lo haré. En cambio, bromearé con las trabajadoras de la guardería, diciendo que está imitando el gruñido de Ethan Hawke.

William empieza a hablar como si la noche que acaba de pasar fuera una simple pausa en nuestra interminable conversación.

—¿Las excavadoras se ensucian?

—Sí, William.

—¿Las ruedas se ensucian cuando caminan?

—Ya basta, cariño —digo con voz paciente—. Dejemos las excavadoras en paz. Quiero que escojas tu ropa, porque hoy tenemos que apurarnos. Tú tienes que ir a la escuela y mamá tiene que ir a trabajar. Tus pantalones verdes y la camiseta a rayas, de cuello de tortuga, están limpios. ¿Quieres ponerte eso?

—¿Por qué se ensucian las ruedas, mamá?

—William —digo con voz un poco exasperada—, podemos hablar de excavadoras después. Ahora tenemos que concentrarnos en escoger tu ropa ¿Quieres ponerte la camiseta a rayas?

—Mamá, ¿por qué se ensucian las ruedas? —dice con voz más aguda.

—William, si no me contestas, yo escogeré tu ropa ¡ya!

—¡No escojas mi ropa! —dice subiendo el tono de voz a la altura del mío. Lentamente se arrastra hacia la cómoda, laboriosamente abre un cajón y saca una camisa de manga corta. Es diciembre.

—Puedes ponerte eso si también escoges una sudadera —digo, a sabiendas de que esto provocará una discusión más adelante. Acepta.

Cuando bajamos, son las 6:52 y vamos más o menos a tiempo. Corro a la cocina y pongo a calentar agua para el té.

—Mamá, ¿juegas conmigo un rato? —dice William con un camión de volteo en una mano y ofreciéndome una pequeña aplanadora Tonka con la otra.

—Gusanito, de verdad, ahora no tengo tiempo. Me encantaría, pero ya vamos tarde.

En realidad todavía no vamos tarde, pero estas palabras son un reflejo matinal.

—¿Qué quieres desayunar? —digo sabiendo que hay cereal, pan o huevos y pan tostado, que es lo que más le gusta, pero querrá ayudar.

—¡Huevos y pan tostado! —grita tal como yo esperaba. Tras romper tres huevos en un tazón, William se acerca blandiendo la batidora de huevos. Me resigno a su "ayuda", pero lo lamento cuando veo que el mantel individual tiene salpicones de una mezcla amarillenta y pegajosa.

—¡Fíjate en lo que haces, William! ¡Por favor, no salpíques! —digo con un tono de voz agudo que provoca que levante la vista y me mire—. ¡Lo siento William, pero vamos atrasados!

Por fin, William está sentado. Ha amontonado todo su huevo encima de la tostada con mermelada y está jugando con esta mezcolanza por todo el plato, haciendo ruido de coche de bomberos.

Para las 7:37 me he duchado y vestido mientras William ve Plaza Sésamo. Idealmente deberíamos estar saliendo del garaje en tres minutos, pero tengo mis dudas. Todavía tenemos que vestirnos más.

—¡Mamá, mira lo que puedo hacer! —me dice William cuando le llevo las botas, recibiéndome sentado a caballo sobre uno de los brazos de la butaca.

—¡Qué bien! —consigo decir sin mucho entusiasmo y sin mencionar que vamos tarde mientras empiezo a empujar sus botas de excursionista en sus pies yertos.

—Éstas son mis botas de constructor, ¿verdad, mamá? —dice pronunciando "constructor" con decisión y seriedad, prolongando la sílaba de en medio, lo que provoca que entrecierre los ojos por el esfuerzo. No se debe a que le cueste trabajo la palabra, sino que eso de constructor es un asunto serio para William. A continuación, tenemos que afrontar el asunto de la sudadera.

—William, tienes que ponerte la sudadera.

—Pero no tengo frío —insiste. Son las 7:42.

—William, ahora tal vez no tengas frío, pero hará frío en el auto. Ponte la sudadera, ya.

—Tengo una idea... —dice cambiando de táctica— ¡Me la puedo poner en el auto!

—No podrás porque irás atado con el cinturón del asiento. ¡Póntela aquí! —digo con voz un poco desesperada.

—Pero, Heather y Rachel dicen que... —me contesta, con la última de sus estrategias, que es apelar a la sabiduría de sus profesoras.

—¡William —exploto—, no vamos a caer en eso hoy! Simplemente no. Te voy a poner tu sudadera. De verdad que vamos tarde y debes ponerte tu sudadera. Si esto te hace llorar, lo siento.

Cuando William se sube en el asiento de atrás, sus pestañas siguen húmedas, pero el llanto ha cambiado a un leve tremor cuando inhala. Logro subirme al asiento del conductor. Echo marcha atrás en el garaje, el reloj del tablero marca las 7:47 y enciendo la radio para oír las noticias. Escucho, a medias, la entrevista a un militar experto en la tecnología usada en la Guerra del Golfo.

Me detengo ante la luz roja del semáforo que está en la entrada de nuestro barrio, William juega con uno de sus camiones sobre su regazo, haciendo ruidos de motor. El entrevistador pregunta al experto sobre las "bombas inteligentes".

La voz explica: "... y pueden bajar por una chimenea y entrar en la sala de una casa".

—¡Mamá! ¡Mamá! —dice William sin aliento, mientras miro por el espejo retrovisor y veo sus ojos bien abiertos y brillantes y los labios entreabiertos, y entonces toma aire y termina en tono reverente—, ¡están hablando de Santa Claus!

La luz del semáforo cambia a verde y nosotros nos fundimos con el tráfico de los lunes por la mañana.

—Mamá, ¿por qué lloras? —pregunta William.

—Estoy bien, gusanito —digo mirando por el retrovisor el rostro brillante de mi hijo.

No me importa que vayamos tarde otra vez, que nuestros manteles estén siempre pegajosos por el huevo, que William jamás salga de casa con todo el cabello en la misma dirección. La inocente credulidad de William de que sólo Santa Claus baja por las chimeneas, me hacer ver el mundo a través de sus ojos. La tensión, la prisa y la irritación de la mañana desaparecen ante la belleza inocente del rostro de mi hijo. William tiene cuatro años y cree en Santa Claus.

ELLEN JENSEN ABBOTT

Debe ser miércoles

Siempre supe que mis amigas eran muy, pero muy, importantes.

Siempre pensé que eso estaba bien, y si no estaba bien, era una parte de mí. Sin embargo, cuando mi marido me dijo que le daba demasiada importancia a mis amigas, la cosa cambió porque era una acusación, un motivo de dolor para mis hijos. Prometí que cambiaría. Le juré que mis llamadas a Mary se acabarían y que mi emoción por los viajes para visitar a Doris también se acabaría. Le entregué una lista detallando cómo cambiaría mi conducta, pero fue en vano.

—No puedes cambiar tu forma de ser —dijo y salió.

Claro que él siempre había sido un maestro en tácticas efectivas para desviar las cosas. Normalmente, encontraba algo que despertara sentimiento de culpa, algo inmutable, y, sobre todo, algo que no se refiriera a él. Durante cierto tiempo funcionó, hasta que supe que tenía una amiga muy importante, tanto que, por cierto, se casó con él poco después de nuestro divorcio.

Cuando esto ocurrió, mis amigas fueron apareciendo una por una. Me escucharon, organizaron las cosas, me consolaron, lloraron y rieron conmigo, me ayudaron a rescatar el ser que había sido y a avanzar hacia el que podría ser. En ocasiones, me asombraba tanto con su entrega que tuvo que pasar un tiempo para que encontrara la autenticidad en sus actos.

Es justo lo que hacemos las mujeres. Nos apersonamos.

Nunca abandonamos a las buenas amigas. Simplemente forma parte de ser mujer y, aun cuando no fuera la mejor parte, es una muy bonita. Conforme vamos pasando por las distintas etapas de la vida, cada una con su tono personal y sus distintas circunstancias, nuestras amigas tienen una singular capacidad para darnos esa ayuda que necesitamos para sobrevivir y para avanzar.

Siempre he sabido que existe el milagro de ser amiga y de tener amigas, pero con el tiempo he ido adquiriendo conciencia de ello y me ha ido atrayendo. Reconocer el milagro de la amistad me ha aguzado las orejas, me ha enseñado a prestar atención a las demás y, finalmente, me llevó hasta Joyce Ebnet, que vive a un par de kilómetros de mi casa.

Yo no conocía a Joyce. Era amiga de algunas de mis amigas. Por estas amigas mutuas oí hablar de Joyce y después hice arreglos para que nos conociéramos.

Pensé que si me contactaba con lo que vivía Joyce, podría establecer contacto con esta magia.

Cuando acudí a la cita esperaba sentirme deprimida, pero en realidad estaba abrumada por la belleza del caso.

Joyce Ebner había acumulado muchas amigas y, con el paso de los años, su amistad fue evolucionando. Cuando terminaron las charlas sobre los cólicos, hablaron de las juntas de la Sociedad de Padres de Familia. Cuando las juntas de los padres de familia y los bailes de graduación fueron historia, hablaron del equipo de baloncesto del bachillerato —uno de los grandes intereses de Joyce—, de política y del mundo. En este sentido, Joyce y sus amigas no tienen nada que las diferencie de otro grupo cualquiera de buenas amigas de cualquier lugar.

Los méritos de su vida son impresionantes y serían intimidantes si no estuvieran mezclados con el don extraordinario de la elegancia y la humildad. A los veintiséis años tenía un doctorado en microbiología. Con el que fuera su amante marido durante treinta años, crió a seis hijos, dos de ellos médicos. Era estrella en el club de las inversiones, porque es experta en finanzas. Pero el punto más potente de Joyce, la esencia que corre por su vida, es su gran fe. Ésta inunda el aire que la rodea y marca el tono de todo lo demás.

En agosto del año pasado, Joyce empezó a sentir una debilidad rara en las piernas. Al principio, los médicos no estaban seguros del diagnóstico. En octubre le diagnosticaron esclerosis lateral amiotrópica −ALS o mal de Lou Gehrig−,una enfermedad incurable del sistema inmunológico que va destruyendo gradualmente los nervios que controlan los músculos y, con el tiempo, los órganos. Más adelante, la debilidad lleva a la parálisis, pero aun cuando la ALS destruye sistemáticamente el cuerpo, deja la mente intacta.

Cuando la enfermedad avanzó más, Joyce necesitó una silla de ruedas. Después, un respirador. Y, entonces, el mundo de Joyce y sus amigas sufrió otra transformación. Estaba claro que tenía una familia dedicada y amorosa y que era un ser independiente, pero necesitaba de la ayuda de otros para algunos menesteres de su vida. Jan Coleman, una de sus amigas, recibió una oleada de llamadas de otras mujeres que querían hacer algo. Así que se dirigió a su familia.

−Hay un montón de gente que quiere ayudar −dijo−, permítanme organizar las cosas.

Y, así lo hizo. Hoy, unas ochenta mujeres han formado comités para brindar su ayuda a Joyce. Hay un comité de alimentos, organizado por Marty, constituido por unas cincuenta mujeres que mandan comida a su familia tres o cuatro veces por semana. Hay un comité de ayuda espiritual, compuesto por personas de la iglesia de Joyce, encargado de hacerle llegar la comunión y de rezar con ella al empezar el día.

Hay también un grupo de "cuidadoras" de día, como ellas mismas se llaman aunque emplean un nombre demasiado clínico para lo que en realidad son y hacen para Joyce. Se trata de las mejores amigas de Joyce: Sally, Jan, Joann, Charlcie y Judy. Cada una tiene asignado un día y nunca los cambian. Así, cualquier persona puede saber qué día de la semana encontrará el auto de una de ellas estacionado frente a casa de Joyce. ¿Por qué lo hacen?

−Joyce habría sido la primera en hacer lo mismo por nosotras −dicen sus amigas.

Las mejores amigas de Joyce la ayudan a iniciar su día cinco veces a la semana. Llegan a su casa alrededor de las ocho de la mañana y se van como a la 1:30, y en esas horas brindan a la familia la ayuda que necesita, pero también respetan su intimidad durante ciertas horas. Bañan a Joyce, la peinan y la asisten en su fisioterapia. Tienen una lista de personas a las que pueden llamar para que las sustituyan si surge algo imprevisto, aunque rara vez ocurre porque todas procuran respetar sus mañanas.

La amistad que empezó con las juntas de la Sociedad de Padres ahora tiene un tono más íntimo. Las fronteras entre ellas han desaparecido y ahora la comunicación es distinta. Estas mujeres no dan nada por sentado, no desperdician nada de tiempo ni dejan de decir cosas importantes. Sin embargo, otras cosas siguen igual. Todas las mañanas, a las 11:30, una de sus amigas le ayuda a Joyce a beber un poco de café. Más adelante, si la amiga por casualidad está ocupada limpiando la cocina, Joyce le lanza una mirada furibunda y la amiga sabe que es la hora de sentarse a charlar. Así, la amiga habla del partido reciente de baloncesto escolar, de política o de lo que está pasando en el mundo.

A veces, todo cambia y, sin embargo, todo sigue igual. El sol sale. Alguien prepara una sabrosa taza de café y comparte una buena amistad.

Hoy debe ser miércoles porque hay una camioneta Audi estacionada frente a la casa de Joyce.

SUE VITOU

Querida, mírate en el espejo

La tía Sadie dormía en una almohada de satín, diseñada para que no se le moviera ni un pelo. A mí me parecía una almohada normal, pero la tía me explicó que, si me fijaba bien, podría ver que era una almohada mágica, con burbujas de aire y curvas, científicamente probadas por investigadores de la NASA para que cuando te levantaras, tu peinado luciera como si acabaras de salir del salón de belleza unos minutos antes. La tía Sadie se aferraba a este cuento de la almohada, una de sus más atesoradas pertenencias, y juraba que era cierto.

—Nueve dólares y noventa y cinco centavos por una almohada que me mantiene atractiva y hace que los hombres me miren. ¿Puede alguien pedir más? —decía la tía Sadie.

¿Quién era yo para contradecir a los investigadores de la NASA? ¿Quién era yo para contradecir a la tía Sadie? ¿Quién era yo para dudar que la magia existía, a pesar de que tuviera forma de almohada?

Sin embargo, yo no podía entender por qué la tía Sadie quería que su cabello quedara acomodado, toda una semana, como una escultura gris tiesa, pegajosa y esponjada, con tanta laca encima que ni un tornado habría desacomodado un solo cabello.

—Tía Sadie —le decía—. Estamos en los años noventa. Olvídate de eso. El cabello debe lucir natural.

A la tía no le interesaba. Tenía ochenta años y pedirle que probara algo nuevo era inútil. Además, le gustaba cómo lucía, adoraba el ritual donde alguien le embalsamaba el cabello todos los viernes a las tres de la tarde. Le producía placer.

Era una cuestión generacional. La hermana de Sadie, mi tía Rose, también hacía todo lo necesario para asegurar que su cabello no se moviera. El método especial que usaba la tía Rose para controlar su cabello consistía en envolverse la cabeza con papel higiénico todas las noches. Cuando lo hacía, me recordaba al algodón de azúcar que vendían en el circo: vuelta y vuelta mientras las blancas capas de azúcar van girando hasta formar el cono. La tía Rose daba vuelta y vuelta al papel higiénico hasta que su cabeza quedaba cubierta por un turbante blanco para mantener su cabello tieso como el algodón de azúcar, sin que se le moviera un pelo.

A mí me parecía que mis tías querían que su cabello luciera como fardos de heno cuidadosamente alineados, esperando que Monet los pintara, como paquetes grises de belleza en el atardecer que nunca pintó. Sin embargo, a pesar de que la moda cambiara de semana en semana y de que la tecnología produjera enormes cambios en nuestras vidas diarias, los rituales de belleza de Rose y Sadie no cambiaban al transcurrir del tiempo. Y si bien los años dorados produjeron cambios en los cuerpos de mis tías, dificultando que pudieran abrir frascos y caminar en forma aeróbica, los rituales para tener el cabello tieso como el cartón jamás cambiaron. Era como si hubieran quedado envueltas en el tiempo. Además, nunca cejaron en su campaña por empaparme de la importancia que tenían los rituales femeninos.

Yo era un hueso duro de roer. Rechazaba sus métodos para controlar el cabello, dejaba que el mío colgara libre y, ante su atónita mirada, lo sacudía alocadamente como la crin de un caballo.

—No llegarás a nada bueno con esa conducta —me advertían.

Después cambiaron de táctica. Con esperanza en su mirada, y pensando que otro ritual femenino me domesticaría, me introdujeron al uso de joyas.

—Siempre hay lugar para las joyitas, como siempre queda un pequeño hueco para comer gelatina —decía la tía Sadie, pensando que a mi familia le encantaban los postres y que, quizá, esto funcionaría.

Así, mis tías me regalaron moldes de gelatina de limón adornados con perlas y prendedores, piedras de bisutería y ópalos. Como seguía negándome, aumentaron la presión.

—¿Dónde están las joyitas? —cantaban cada vez que las iba a visitar.

—Yo no uso. Yo no uso —les contestaba cantando.

El hecho de que jamás me pusiera joyas y que me negara a su insistencia de ponerme alguna de las alhajitas que me habían regalado era fuente de gran dolor para mis tías.

—Todo el mundo lleva alguna joya —se lamentaban— es antiamericano no ponerse alguna.

—Supongo que la semana entrante encontraré a J. Edgar Hoover a la puerta de casa, esperando para aprehenderme —contesté.

—No seas grosera, jovencita —dijo mi tía Sadie—. Él está demasiado ocupado para visitarte. (Ya comenté que vivían atrapadas en el tiempo.)

Mis tías jamás cejaron en su intento de ganarme para el bando de sus costumbres femeninas. Me ponían ante los ojos joyitas de oro y plata. Insistían en que me llevara costosos tesoros a casa y en que le diera una oportunidad a las alhajas. Estaban seguras de que cedería y que aceptaría su visión de las joyas como una verdadera necesidad del mundo moderno. Argumentaban que las verdaderas mujeres siempre lucían joyas.

—¿Qué te pasa? —decía la tía Sadie.

—Ponerte una pulsera no te matará —decía la tía Rose—. Compórtate como persona, ponte alguna joyita.

—Un poco de rubor tampoco te caería mal —añadía la tía Sadie.

—¡Nada de joyas! —contestaba yo a esos oídos sordos.

Cuanto más insistían, tanto más me resistía, hasta que enloquecí a la par de ellas y me negaba a ponerme nada que brillara, se moviera o produjera un sonido metálico.

Era más de lo que podían aguantar. Lloraron. Y, aunque me mantuve tercamente firme, al ver sus lágrimas empecé a preguntarme si mi triunfo valía la pena.

En la fiesta por los ochenta y siete años de la tía Rose, volvieron a atacar con su rutina de las joyas, como si fueran dos personajes de un viejo programa de radio. Recordé que, cuando era pequeña, mamá me había dicho que optara por ganar mis batallas con sabiduría y también recordé cómo habían llorado. Sabía que no valía la pena seguir peleándonos por las joyas y acepté llevarme a casa un anillo que tenía un ópalo y una pulsera de plata. Mis tías se quitaron sus chucherías y me las dieron en un momento histórico, mi ingreso iniciático a la femineidad. ¡Tuve que hacer tan poco para hacer felices a estas dos viejecitas que quería tanto!

Hoy, siempre que puedo compro joyas de fantasía. Me he convertido en una gran coleccionista de todo lo llamativo y barato. ¿Esto me hace sentir más mujer? Odio admitirlo pero sí, un poco más. Sin embargo, lo hago principalmente en recuerdo de la tía Rose y la tía Sadie.

Puedo verlas en otro mundo, convenciendo a los ángeles: "¿Quieres sentirte como una verdadera persona? Haz algo con tu cabello ya. Ponte un poco de rubor aquí. Ponte unas joyitas. Te sentirás mucho mejor, querido".

ELIZABETH P. GLIXMAN

Regalos sin fin

—Tú quieres ser mamá, Jules, porque tienes una muy buena.

En el momento en que una amiga me hizo esta observación me quedó clara la verdad de su contenido. Mamá me había enseñado tanto del amor materno que yo me moría de ganas de que llegara mi turno para demostrar que era muy buena alumna. Era cuestión de compartir.

Me encantaría crear un ambiente tan seguro y cálido que mis hijos sólo se sientan limitados por su imaginación. Ahora que mis hermanas y yo somos mujeres adultas, nos maravillamos recordando los juegos que inventábamos de niñas. Una escalera de mano no era un objeto que papá usaba para pintar, sino la torre del salvavidas que usábamos para convertir el patio de casa en una gran piscina. En el verano de 1972, el camino de entrada no era para los autos, sino la vía de nuestra hazaña personal de pintar cada una de sus piedras con nuestros crayones tamaño gigante.

Gracias al amor de mamá, siempre pensé que yo era la muchacha más bonita, lista y especial de mi grupo. Imagínense mi sorpresa cuando ahora veo las fotos escolares y descubro lo contrario. Sin embargo, el refuerzo positivo de mamá funcionó. Gracias a él, entré al mundo adulto equipada con la confianza necesaria para manejarlo. Además, con el paso de los años, incluso cuando no he podido hacerlo, la cálida voz de mamá sigue dándome la seguridad en mí misma que necesito a veces.

Mis dos hermanas tomaron su turno para la maternidad mucho antes que yo. Mi hermana mayor no se ha perdido un solo partido de softbol, baloncesto o futbol —empolvándose la cara o como sea— en dieciocho años. La hija de mi hermana menor ha ocupado mi lugar como la muchacha más bonita, lista y especial de su grupo. Ahora hay cinco afortunadas jóvenes que, algún día, serán buenas madres de otros jóvenes afortunados.

Yo no estaba muy consciente de esto, pero ahora, cuando pienso en el pasado, creo que me enamoré de mi marido David, en parte, porque sabía que sería un magnífico padre. Cada vez que sus ojos de águila detectan una pulga en nuestro dálmata, él emprende una misión de búsqueda y destrucción contra el intruso y yo me siento feliz por los hijos que tendremos algún día. Cada vez que mira algo tan simple como una valla, sé que no sólo está mirando la valla, sino que está analizando su ingeniería.

Y me siento feliz por los hijos que tendremos algún día; por esos hijos en Pascua, cuando el padre de David, el paciente abuelo en espera, nos tuvo a él, a su hermana de treinta y cinco años y a mí corriendo por el patio en pijama, buscando huevos de plástico de colores, que tenían dentro chocolates y dinero.

David y yo compartimos la misma emoción ante las ventiscas y las tormentas de truenos. Disfrutamos la noche de Halloween con su truco o premio más que cualquier otro adulto de nuestro barrio. Yo todavía no he encontrado una tarea que no pueda convertir en juego y David, desde que su casa en un árbol le quedó chica, ha estado construyendo otra en su mente. Todo esto me hace sentir feliz por los hijos que tendremos.

No hay imagen que me produzca mayor alegría que pensar en un infante recién bañado acurrucado junto a mi cuello. Sin embargo, mi visión de la maternidad se remonta mucho más atrás, más allá de los tarugos de juguete y la aritmética, más allá de los fuertes de nieve y los puestos de limonada, más allá de la primera cita e incluso de la última noche que pasé bajo el techo de la casa paterna antes de salir al mundo.

Cuando terminé mis estudios universitarios, creí que tendría infinidad de oportunidades para triunfar en el mundo. Con una carrera de más de diez años en el campo de la publicidad bajo la manga, dudo que mi trabajo pueda hacer algo más para el público general que, tal vez, ayudarle a afrontar la dolorosa situación del mal aliento. Ahora que soy toda una adulta, pienso que el mejor regalo que puedo dar a mi pequeño rincón del mundo es un ser humano —o tal vez dos— noble y emocionalmente fuerte. Quizá mi mejor legado sea mi amor por amar.

El embarazo que estamos proyectando me produce una sensación conocida y, contradictoriamente, muy distante, como una fugaz visita de alguien que conocí hace mucho tiempo. De hecho, incluso considerando la capa de realidad que automáticamente acompaña a una persona de treinta y pico años, cuando pienso en la idea mi corazón se acelera con una emoción que no sentía desde que era la muchacha más bonita, lista y especial y que despertaba una mañana de Navidad para encontrar una sala llena de sorpresas.

Esta vez, el regalo durará el resto de mi vida... y algo más.

Julie Clark Robinson

Compañera de viaje

Ingrid y yo paseamos por la plaza de Rue Prince Arthur, deteniéndonos aquí y allá para contemplar la joyería hecha a mano, para asomarnos por las vitrinas de artísticas boutiques que venden ropa, para admirar las elegantes exhibiciones de cerámica. Seis calles de la avenida están cerradas al tráfico y artesanos, músicos, turistas y habitantes se reúnen, por igual, en el ambiente colorido de esta feria callejera.

Nos detenemos para ver cómo trabaja un artista que está pintando el retrato de una feliz pareja al pastel. El artista ha pintado el rostro del joven y ahora le está dando vida a ella. Escoge el tono aquamarina justo para captar el brillo de sus ojos y con un cálido coral imprime plenitud a su sonrisa de admiración.

Ingrid y yo tenemos retratos de "pareja feliz" en casa, tomados cuando nuestros esposos nos "apretaban". Poco antes de una noche de verano, los cuatro hicimos un viaje en su viejo barco. Mi marido, entonces mi novio, me rodea con sus brazos, yo aparezco apoyada en su hombro y nuestro cabello castaño brilla fulgurante ante el telón de fondo del Lago Ontario. Hoy no nos sentamos tan cerca uno del otro. El estrés ha desgastado nuestro matrimonio, de por sí tormentoso, y ha contribuido a ensanchar la distancia. Su cabello ya no es del mismo color que el mío. Él está lleno de canas, en parte debido a la genética y, en parte, por su enfermedad.

En el retrato de pareja de Ingrid con su novio, ahora su esposo, él se ve de quince, tal como lució durante muchos años. Hoy, a los cuarenta y cuatro, finalmente parece como si tuviera treinta y tantos, pero las indiscretas líneas alrededor de sus ojos delatan su preocupación por la profunda decepción que le causó su esposa debido a la infertilidad. El cuerpo joven y deportivo de Ingrid ha cambiado y se ha suavizado, también por infinidad de razones. Las medicinas y el estrés han cobrado su cuota, pero sobre todo el sufrimiento de muchos abortos naturales, seguidos por ciclos de dolor por los hijos que nunca llegaron.

El aplauso que escuchamos calle arriba nos llama la atención y nos unimos al círculo que rodea a un joven en monociclo que lanza antorchas al aire. Le observamos, con sonrisas brillando fugazmente en nuestros rostros. Con un último movimiento, lleno de gracia, baja del sillín con un salto al frente, hace una caravana y consigue que su maltrecho sombrero de copa ruede a lo largo de su brazo. Buscamos en nuestros bolsillos para darle unas cuantas monedas en muestra de gratitud.

Más adelante, el aroma de cordero bañado de limón, orégano y ajo llena el aire de la noche. Nos sentamos en una mesa en la plaza, a la puerta de un restaurante griego. Hemos elegido un magnífico Cabernet y el camarero no tarda en llegar para descorchar la botella

Sé que Ingrid no debe beber y que probablemente no sea una buena idea, considerando sus medicinas. Pero qué importa, estamos de vacaciones. La vida es una serie de elecciones, ninguna de ellas absoluta, y será bueno para su mente.

—Pienso que, a la larga, la asistencia perfecta no te lleva a ninguna parte —dice.

Saboreamos los primeros sorbos del vino mientras estudiamos la carta. La comida es griega, pero el menú está en francés y traduzco: "Agneau, es cordero, poisson es pescado, avec des épinars quiere decir con espinaca".

En nuestros viajes, muchas veces nos hemos traducido cosas, Ingrid recurriendo a la lengua nativa de su familia de origen alemán y yo al poco francés que aprendí en la escuela. Por el camino hemos aprendido unas cuantas frases en otros idiomas, entre las más importantes: "Una taza de café, por favor" y "¿Cuánto cuesta?" Nunca antes había tenido que traducir las palabras matrimonio o aborto.

Esto ocurrió mientras charlábamos con unos jóvenes viajeros franco canadienses. Nos preguntaban qué hacía un par de mujeres de mediana edad en un hostal para jóvenes en Montreal; yo les explicaba que sí, que las dos estábamos casadas, pero que a nuestros maridos no les gustaba nuestra forma de viajar. Después preguntaron por los hijos: "Avez-vous des enfants?"

Miré furtivamente a Ingrid. Sus labios se apretaron y movió ligeramente la cabeza diciendo que no. Traté de explicarles que la enfermedad de mi marido y mis tormentas hormonales han impedido que tengamos hijos y que Ingrid y su marido tampoco han podido, traduciendo literalmente: "Elle a perdu les enfants", perdu-perder. Se miraron entre sí con cara de interrogación: ¿Perdu?

–¡Ah! –dijo uno– ¡Tombe! ¡Les enfants tombe!

–Tombe –le expliqué a Ingrid–, quiere decir caer.

De alguna manera la traducción no nos funcionaba. Caer no capta el vacío ni el dolor tan bien como perder.

Empezamos con un plato de entrada que, para nuestros gustos y limitados presupuestos, es una magnífica ganga de 5.95 dólares canadienses. Nos permite elegir un plato fuerte de cordero y también probar un poco de esto y de aquello. No tardamos en estar saboreando dolmades (hojas de parra), spanikopita (espinaca en pasta de hojaldre) y taramasalata (una pasta de caviar, queso feta y aceitunas de kalamata), que despiertan nuestros recuerdos de la vez que estuvimos en Grecia, hace quince años, como el gran final del verano que pasamos viajando.

–Me gusta comer con personas que dicen 'Mmm...' –suele decir Ingrid. Ese fin de semana dijimos muchas veces "mmm..."

Las dos estamos de acuerdo en que extrañamos estos viajes, que ha pasado demasiado tiempo desde el verano de 1980, cuando mochila al hombro paseamos juntas por Europa, recorriendo once países con nuestro Eurail pass. Fue toda una experiencia, porque vagamos sin rumbo, hallando cosas valiosas por casualidad. Tomábamos trenes con un destino en mente, pero si una estación nos parecía interesante o un compañero de viaje nos recomendaba un pueblo, un museo o un restaurante, desviábamos un poco el curso.

Así fue como nos topamos con algunos de los momentos más maravillosos de nuestro viaje. En una parada inesperada en St

Wolfgang, un pueblecito en un lago de los Alpes austriacos, llegamos justo para los festejos de los 500 años de su fundación. Pasamos la noche entre campesinos vistiendo lederhosen y faldas de dirndl, disfrutando del "tunta, ta, ta" que producía una banda en la plaza del pueblo. En Grecia, agotadas, hicimos un paseo veloz alrededor de la isla de Corfú. A media mañana nos dimos un chapuzón en el mar Jónico y después comimos tomates rellenos, ensalada griega y vino, en una mesa bañada por el sol, con vista a la pequeña cala de Kouloura. Nos sentamos relajadas, con los ojos entrecerrados y la sal que se había secado sobre nuestra piel bronceada por el sol, formando un polvo sedoso. También estuvo la maravillosa noche que decidimos tomar el Expreso de Oriente para abandonar París y, mientras llegaba la hora de salir a las doce de la noche y un minuto, bebimos café muy negro en un club de jazz, lleno de humo, en el Quartier Latin.

La mañana siguiente empieza, como hemos empezado cada una de las mañanas en Montreal, con una primera ronda de café con leche que tomamos en la habitación. Una de las dos esconde su camisón en unos vaqueros, se pone un par de sandalias y sale corriendo a la calle, sin brasier y sin cepillarse el pelo, en busca del café o el carro de capuchino más cercano y regresa con nuestro tesoro, nuestro hábito, nuestro sustento, nuestro lujo. Lo bebemos lentamente mientras nos vestimos, inhalando el cálido y aromático olor del café de grano recién preparado.

Cuando estamos vestidas y listas, salimos en busca de un café acogedor para desayunar en forma. Pedimos otra ronda de café con leche, acompañado de pan caliente, hecho con mantequilla y relleno de almendras. Mientras bebemos una tercera taza y comemos otro pan, extendemos nuestras guías y mapas y proyectamos el día.

¡Tres tazas de café! El marido de Ingrid estaría furioso, como lo estaría con el vino, porque su medicina la hace muy sensible a la cafeína. No le gusta que ella beba demasiado café porque la excita mucho y empieza a parlotear a una velocidad que aturde. A mí no me importa porque el parloteo y la risa son, precisamente, lo que queremos para este fin de semana.

Empezamos nuestra excursión sin rumbo por las estrechas calles empedradas del Vieux Montreal, por la ciudad vieja, admirando los edificios coronados por tejados adornados con una cenefa de hierro forjado. Los gastados peldaños de piedra nos llevan al interior de tiendas que suelen ser ladrillo pelón con techos de latón o vigas de madera expuestas. Vagamos entrando y saliendo de centros comerciales, admirando con frecuencia y comprando poco. Como siempre, el dinero es un factor importante.

En nuestro viaje de verano por Europa, contábamos cuidadosamente los marcos alemanes y los dracmas y caminábamos una o dos calles más tan sólo para conseguir un tipo de cambio un poco mejor. Sobrevivimos a base de crujiente pan francés recién salido de la boulangerie y relleno de queso roquefort de la fromagerie, o de suaves pitas con feta, y lo pasábamos con agradable vino tinto que nos vendían a granel y que sacábamos de una profunda hielera colocada junto a nuestra mesa en la entrada de la casa de algún campesino de la localidad. Cuando devolvías la botella vacía para que la rellenaran y la revendieran, también te devolvían 50 dracmas del depósito.

Hoy en día el dinero sigue siendo un factor importante y buscamos los bancos que ofrecen el mejor tipo de cambio de la moneda canadiense. Ingrid está ahorrando dinero para el día de la ansiada llamada que anuncia a un niño esperando que ellos lo amen. Yo recuerdo los montones de cuentas acumuladas en mis tarjetas de crédito, por necesidad, debido a que estoy sin trabajo, por segunda vez en dos años. Mi marido y yo decidimos que dejara de trabajar y que volviera a la escuela, de tiempo completo, para terminar mi licenciatura después de doce años de haberla empezado. Pero es una decisión que seguimos pagando.

Entramos en una boutique que huele a pétalos de rosas. Los anaqueles están llenos de papel carta hecho a mano, de decorativos diarios, tarjetas, hojas de papel para envolver, jabones también hechos a mano y atados con rafia. Además hay botellas de aceite para baño y cestas de palma llenas hasta el tope de esponjas naturales. Estos artículos nos despiertan partes profundas y las dos vagamos soñadoramente de anaquel en anaquel. Yo acaricio las texturas de los papeles, imagino las cosas que escribiría en las páginas del diario, los pensamientos que le enviaría a los amigos en las bellas tarjetas.

Ingrid se pierde entre los jabones aromáticos. Ella vive en una extraña cabaña medio deteriorada junto a un lago. Sus pisos no están nivelados, las alacenas son rústicas y las ventanas gimen en las tormentas de verano. Su único lujo es el baño recién remodelado con un hondo jacuzzi. Junto a la tina hay un arco con una ventana que da al lago.

Las dos escogemos un artículo barato. Yo escojo una tarjeta que tiene la acuarela de un café y que le mandaré a Ingrid más adelante, tal vez cuando vuelva a estar triste, para recordarle los momentos que pasamos en Montreal. Ingrid escoge una elegante botella de aceite de baño con hierbas y flores, que tiene un corcho con un sello de cera y una cinta. La colocará junto a su nueva tina, porque los colores de la botella combinan con los de las flores de la cenefa del baño de azulejos pintados a mano.

La última noche en Montreal escogemos otro restaurante griego, pero esta vez especializado en mariscos. Festejamos en grande. De nuevo pedimos el plato de entrada, pero esta vez seguido por homard (langosta) servida con ensalada griega y tiras de sazonadas patatas crujientes. Ingrid se aloca y decide que esta noche tomará vino y café, las dos cosas. ¡Se está portando mal!

La cantidad y la variedad de lo que pedimos divierten al camarero, que se ríe y regresa, con frecuencia, a bromear con nosotras:

—No hay muchas mujeres que pidan tanto o coman con tanto gusto. Eso es bueno. Ustedes no tienen miedo de disfrutar.

Cuando regresa para decirnos lo que hay de postre empieza a explicar que el baklava es un panecillo relleno de crema pastelera...

—¡Sí! —gritamos al unísono— ¡Galactoboureko!

—¡Claro —dice—, lo conocen! Les traeré dos. Éstos son cortesía de la casa.

Nos lanzamos sobre la delicada crema rociada con cáscara de naranja y cubierta con jarabe de nuez moscada y naranja. Seguimos con un café negro que nos mantendrá charlando y riendo hasta que amanezca. Después de todo, para eso estamos aquí.

Con los años, Ingrid y yo hemos tenido algunas sorpresas desagradables, algunas desgracias y tragedias que amenazan con quitarnos nuestra confianza y comerse nuestros recursos, nuestra fe y nuestra fuerza. ¡Pero mi compañera de viaje y yo nos hemos lanzado al mundo con buen apetito y nos comemos la vida a puñados!

Karen Deyle

Ya no somos extraños

Hace unos años, la tensión entre nosotros todavía era evidente. Estábamos sentados en la funeraria, en extremos opuestos de la sala y charlábamos ocasionalmente sobre cosas intrascendentes, sin tener idea de cómo llegar a algo más. Las cosas no mejoraron al día siguiente durante los servicios junto a la tumba de mi abuelo, su padre. Después, en la cena servida en la iglesia, me preguntaba si el hombre al que llamaba papá estuvo ahí con nosotros por parentesco y compasión o solamente por obligación. Decidí que no importaba, que él regresaría a Pennsylvania con su esposa y su hijo y que los dos reanudaríamos nuestros caminos separados, hasta que otra muerte o matrimonio nos volviera a reunir en el mismo lugar.

Este amargo patrón empezó cuando yo era una niñita y mis padres se divorciaron. Con el tiempo decidí que rechazar la inclinación natural de mi corazón, que deseaba tener una relación con mi padre, era mejor para todos los involucrados. Sólo complicaría las cosas, o eso pensaba yo. Cuando llegué a la edad adulta, la distancia entre nosotros se había convertido en una forma de vida. No esperaba nada de mi padre y deseaba incluso menos.

Como había previsto, nos separamos después del funeral del abuelo en términos civilizados y con abrazos cordiales que no llegaron a ser los abrazos amorosos que yo añoraba en secreto. Nuestro breve encuentro sirvió para recordarme el vacío que su ausencia había dejado en mi vida y que yo deliberadamente llené con preparativos para las próximas fiestas, como piadosa distracción para el dolorido corazón de la niña que llevaba dentro.

El encuentro en la funeraria desapareció de mis pensamientos hasta varias semanas después, cuando me asombró recibir un correo electrónico de mi padre. Yo había escribí la dirección electrónica, que acabábamos de adquirir, en las tarjetas navideñas antes de enviarlas a la familia y los amigos sin tener idea de si él tenía computadora o no, y jamás supuse que me mandaría un mensaje.

Miré la carta, breve pero amigable, durante minutos que me parecieron horas, tratando de decidir qué hacer. Mi respuesta podía llevarme a un sueño hecho realidad o a una desagradable decepción y no estaba segura si de estar preparada para ninguna de las dos. Decidí que cuando menos sería cortés y eso significaba contestar. Así que tomé aire, con dedos temblorosos escribí una breve y alegre respuesta y oprimí rápidamente el botón "enviar", antes de tener tiempo para volver a pensar las cosas.

Lo que empezó como una breve nota de mi padre y mi cortés respuesta no tardó en convertirse en la florida serie de correos que nos mandábamos todos los días. Después empezamos a escribirnos varias veces al día y llegó el punto en el que ninguno de los dos se atrevía a irse a la cama sin enviar un último mensaje al otro. Hablábamos de lo que habíamos comido en la cena, de nuestros planes para el día siguiente, de lo que los nietos estaban haciendo. Nada era demasiado trivial ni superficial como para no incluirlo. Por primera vez en nuestras vidas nos estábamos enterando de cosas de uno y otro, y nos sumergíamos en nuestras conversaciones como esponjas sedientas.

A medida que el interés, la familiaridad y la comodidad que sentíamos el uno con el otro aumentaban, fuimos tocando los temas más profundos de lo que nos había separado todos estos años. A veces las conversaciones eran difíciles y otras caminábamos sobre navajas y nos mordíamos la lengua. También hablábamos de enojos y de perdones, de esperanzas ocultas desde hace mucho y de temores, y todo ello nos fue curando individualmente y sanó nuestra relación. El mensaje que transmitíamos con más claridad era que los dos queríamos continuar, y cuando llegaron las palabras difíciles de escuchar y de pronunciar, eso fue lo único que nos sacó adelante.

Le pedí que se pusiera en contacto con mi hermano y mis hermanas y, a su vez, le pedí a ellos que contestaran a papá. Por primera vez en más de treinta años sentí que, si todos hacíamos un esfuerzo, teníamos la oportunidad de conectarnos como familia.

En cuestión de meses, papá y yo habíamos establecido una relación y sentíamos una unión que no habíamos experimentado antes. Papá, su mujer Peg y mi hermanastro David hicieron planes para venir a visitarnos a Indiana en otoño y proyectamos una gran reunión. En una de esas vueltas curiosas del destino, durante su visita, yo entré en trabajo falso de parto de mi hijo Grant y pasé quince horas en el hospital antes de que me mandaran a casa para seguir con la espera. Me perdí la mayor parte de la reunión, pero cuando finalmente llegué, ésta fue mejor que cualquier cosa que hubiéramos compartido antes, relajada y alegre. Ya no éramos extraños. Nos habíamos hecho amigos. La partida fue muy difícil y después esperábamos ansiosamente la siguiente ocasión para reunirnos.

Los correos siguieron y las llamadas telefónicas se volvieron cosa común. Llegué a conocer y a querer a mi madrastra y a mi otro hermano. Cuando Grant nació, quisimos ponerle de segundo nombre William en honor de papá. Cuando mi hermana llamó para contarle, papá lloró.

El verano pasado papá volvió a venir a casa para los funerales de su madre, mi abuela. De nueva cuenta nos reunimos en la funeraria, pero ahora mis retoños y yo ocupamos nuestro lugar al lado de papá. Él paseaba de un pariente lejano a otro, encantado de que tenía más hijos y nietos, incluso bisnietos, que todos los demás en esta sala.

Cuando llegó el inevitable momento de decir el último adiós a la abuela, cada uno de los otros primos se dirigía, con sus padres o madres, al ataúd y hacían guardia en familia. El orden de las sillas estaba revuelto y nosotros terminamos varias filas detrás de papá. Me entristecía que, cuando llegara nuestro turno, no pudiéramos ir con él. Por eso, cuando nos formamos en la línea y pasamos por donde estaba sentado mi padre, me agaché para tomar su mano.

—¿Quieres pasar con nosotros? —le dije controlando mi llanto.

—¿Me necesitas? —repuso él desconcertado, cuando finalmente pudo pronunciar palabra.

La pregunta me tomó por sorpresa un segundo. En todos estos años y no obstante todo lo que habíamos superado, jamás se me había ocurrido que él se pudiera preguntar si sus hijos le necesitaban. Siempre supuse que lo sabía.

—¡Sí! —respondí decididamente— ¡Claro que sí!

Papá se levantó de su silla, me abrazó y nunca me soltó. Cuando estábamos de pie junto al féretro y dijimos adiós a la abuela, enterré mi rostro en su pecho, en la comodidad de su abrazo, lloré un millón lágrimas por la pérdida de mi abuela. También lloré lágrimas que pertenecían a la niña en mi interior que finalmente sabía cómo se sentía ser la nena de papá.

Ésa era la parte del corazón que siempre me había faltado. Habíamos dejado de ser extraños, fuimos más que sólo amigos y, por fin, fuimos una familia.

AMANDA KRUG

La mesa

Mientras pongo la mesa para dos, me vuelve a maravillar el tamaño de este viejo coloso de roble. Si mi marido y yo nos sentamos uno frente al otro, nos separa un espacio tan grande que no podemos pasarnos los platos, así que mi silla tiene que estar junto a la suya. Las otras seis nos miran vacías, en espera de que lleguen amigos y reuniones familiares ocasionales, muy escasas dado lo disperso de nuestro grupo. Comer en una mesa tan grande, según dice un libro de feng shui que me regaló una amiga, rompe todos los principios de una cena positiva. Cuando limpio su derredor y por abajo termino con dolor de cadera. Si nos deshiciéramos de este viejo armatoste y compráramos una mesa más adecuada, con un ala plegable, tendríamos espacio para un love seat o una cómoda mecedora y un librero. Sin embargo, ni siquiera lo sugiero.

Hace treinta y cinco años, el nacimiento de nuestro primer hijo nos despertó el deseo de tener muebles más bonitos que los de las tiendas de descuento y los del Ejército de Salvación que habían amueblado nuestros primeros departamentos. Entonces acudimos a nuestra primera subasta, en un pueblecillo de Carolina del Sur, y pujamos por los restos de un comedor de principios de siglo que había pertenecido a otra familia. Ganamos un trinchador de roble oscuro, un armario para la vajilla, un mueble más pequeño y cinco endebles sillas, todo por poco menos de 100 dólares. Con el tiempo, lijamos y remozamos todas las piezas.

Cuando nació nuestro tercer hijo y nos mudamos a otra casa, casi teníamos un comedor formal... sólo nos faltaba la mesa. Vimos el anuncio de una subasta al aire libre en un pueblo cercano, subimos a los chicos al auto, con la esperanza de encontrar una vieja mesa de roble, de estilo parecido a las otras piezas de nuestro comedor. Llegamos tarde y, aparentemente, todas las mesas habían sido rematadas. Sorpresivamente, el subastador pidió pujas por la mesa que estaba bajo sus pies. No podíamos verla bien pero pujamos poco más de lo que habíamos pagado por todas las otras piezas juntas, y ganamos. Cuando la gente que estaba en la subasta se fue a ver la maquinaria agrícola, nosotros analizamos nuestro premio. Era resistente y sólida, pero mucho mayor de lo que queríamos y tenía una enorme base cilíndrica de un metro de diámetro. Mi marido estaba pálido ante la idea de cómo llevarla a casa y, en ese momento, el ayudante del subastador llegó a entregarnos cinco tablones adicionales.

Algunas horas después volvimos a la ciudad de Kansas triunfantes, los muchachos iban en el asiento de atrás, sentados sobre una mesa temporalmente partida en dos, cubierta por una colchoneta, y los tablones de ampliación y la base asomaban por la cajuela de nuestro Ford Fairlane. Ya armada, fue la mesa de nuestro comedor y aguantó las distintas mudanzas de los siguientes veinte años. Se convirtió en la estrella permanente de las películas y las fotos caseras, con sillas de bebé arrimadas a su lado, muchachos columpiándose en sus sillitas o de pie en las sillas blandiendo en el aire largos tenedores de fondue, mientras la olla hervía en el centro del escenario. También aparece adornada con platones de pavo decorado con perejil, costillares formando erguidas coronas, pasteles de cumpleaños en forma de payaso, Snoopy, trenes y tigres hechos en casa. A veces montada con copas de cristal cortado, cubiertos de plata y vajilla de loza fina, a veces con platos de cartón con figuras de animalitos.

Ahí, en la vieja mesa de roble, nos hemos reunido cinco, siete, nueve o incluso dieciocho y veinte personas. Mis abuelos estuvieron sentados en esa mesa, al lado de parientes, tías, tíos y primos. Una vez hasta Santa Claus estuvo ahí, tomando chocolate y galletas. Cuando recibíamos a nuestro club de gourmets, arrastrábamos la mesa hasta la sala y le poníamos todos los tablones. Yo planchaba dos sábanas king-size con almidón y, de entre nuestros amigos, éramos los únicos que podíamos sentar a todos en torno de una mesa.

Hace doce años nos mudamos a otra casa y compramos otro comedor antiguo. La vieja mesa de roble, ahora con su base un poco bailona y el tablón tan gastado y maltratado que siempre tenía que estar cubierto con un mantel, se quedó en la cocina y las otras piezas, en el cuarto de estar. Cuando nuestros hijos han amueblado sus casas, les he ofrecido este comedor, pero siempre han preferido muebles más modernos; la verdad sea dicha, la mesa probablemente nunca valió mucho, ni siquiera cuando nueva. Sin embargo, cuando una amiga me la pidió para el departamento de su hija, me sorprendió mi negativa inmediata.

Acabamos de ser abuelos y estoy pensando que esta mesa será magnífica para todos los dibujos, trabajos con pegamento, LEGOs y Lincolns que vayan a armar. Tal vez haya llegado la hora de volver a usar los tablones adicionales. Esta vieja mesa de roble es parte de la familia.

SuzAnne C. Cole

Cabalgando los rápidos

Llevaba los pies metidos hasta el fondo del doblez de la lancha de goma e iba abrazada de mí misma cuando mi cuerpo se inclinó precariamente sobre el borde. Los músculos tensos, la adrenalina fluyendo, remábamos rápido, más rápido. Cada curva del río nos podría voltear en las aguas turbulentas. Cada onda que brincaba podría estar ocultando una piedra filosa capaz de provocar un choque. Cada rápido que saltaba tal vez estaba ocultando otro peligro para nuestras cabezas y miembros.

Entre el rugido de las olas cuento a mis hijos en las dos lanchas. Siete: dos míos, cinco robados. Jamás me tomé la molestia de pedir permiso a sus madres para envolverlos en el mundo de mis emociones. Ahora estamos aquí, juntos, luchando por bajar por este río traicionero.

No somos refugiados en busca de una playa segura, sino aventureros en un viaje de aguas blanquecinas. Riendo tras el agua que salpica nuestros rostros, navegamos coordinados, cantamos en voz alta, remamos con ritmo.

Hace veinte años, cuando me casé con su padre, Melissa y Jonathan fueron los primeros en formar parte de mi inclinación por coleccionar hijos. Jon, de buen carácter y adaptable, tenía nueve años y no se fijaba en otra cosa que sus necesidades inmediatas, pues todavía se alimentaba a petición. Ahora, detrás de mí, reteniendo su remo con fuerza en las tercas corrientes de agua, grita: "¡Fuerte! ¡Fuerte! ¡Así es!"

Entonces, para tratar de colarme en su vida, le retaba a jugar carreras cuando bajábamos esquiando por las colinas, hasta que fue demasiado grande y veloz y me dejaba atrás envuelta en un remolino de nieve. Hoy arriesgo mis miembros y mi vida en este torrente de agua.

Melissa tenía once años y el delicioso trinar de un pajarillo en libertad, segura de que era dueña del bosque. Escucho sus chillidos cuando nos acercamos a otro rápido. El rugido de las aguas llena mi cabeza. El blanco manto de espuma combándose tras una roca del tamaño de mi cocina nos señala que un remolino –un hoyo, como lo llama el guía– podría atraernos hacia el fondo, donde agudas rocas rasgarían nuestras carnes. Missy y yo pasamos por algunos años difíciles que pusieron en peligro la existencia de nuestra familia. Todos salimos del lance siendo mejores personas.

El año pasado, Jonathan incluyó una esposa en nuestra familia, y más bien parezco su madre que la de él. Si tuviera otra hija biológica, me gustaría que fuera como Cheryl, segura de sí misma y desarrollándose en su carrera.

Nuestra lancha brinca el rápido y sale disparada; yo aflojo las manos que, nudillos blancos, sujetan la cuerda para clavar mi remo en las feroces aguas. En la lancha que va delante de nosotros, la dulce Tomm, mi hija mayor, va cantando con mi marido. En mi lancha, del otro lado, viaja mi pequeña Eden, enamorada de las actividades al aire libre, que me lanza la mirada preocupada que yo le lanzaba cuando estaba subida en el laberinto de hierro del jardín. Ésta es su oportunidad para sentirse adulta ante sus hermanos mayores y sus cónyuges.

Una serie de rápidos más pequeños nos lanza en alocada carrera. Las olas golpean mi rostro. David, el esposo de Melissa, ríe libremente bajo su casco rojo mientras dirige nuestra navegación. Pronunciados acantilados de granito se yerguen a los dos lados. El siguiente paso es muy estrecho. Remamos rápidamente hacia una saliente colosal que está a pocos metros sobre el agua. Tras muchos años de formar parte de nuestra familia, David sigue sin entrar del todo a la constelación de nuestro mini universo. Pero hoy es distinto.

–¡Agáchense! –grita sobre el furioso ruido del río. De lo contrario, el canto de la roca saliente seguramente nos decapitará.

La saliente ha quedado atrás. Mis ojos buscan la playa minúscula donde supuestamente pasaremos la noche. Ahí está. Suspiro con alivio. Un somorgujo se lanza a un tranquilo estanque y sale con un trofeo plateado retorciéndose en el pico.

Berry, el marido de Tomm, me sonríe. Éste fue una presa fácil. El amor por su madre, tan firme, le preparó bien para convertirse en hijo mío. Cuando atracamos en la playa para pasar la noche, él me ayuda subrepticiamente a sacar parte de mi peso de la lancha.

Agotada, mojada, con frío y con los nervios de punta por la fatiga, estoy tan fuera de mi elemento como un camello, y tan apestosa como este animal. Me derrumbo sobre la arena con la esperanza de hundirme en su suavidad, pero está fría y apelmazada.

En una tienda armada por los operadores de nuestro viaje por el río me quito el traje de goma y el suéter y los calcetines de lana que llevo abajo de éste. Todos están empapados. El traje me mantiene caliente porque atrapa el agua junto a mi piel, pero ahora parezco una gigantesca ciruela remojada.

Mientras me seco con una toalla, una enorme parvada de gansos grazna en su vuelo al sur. Desnuda y temblando, camino entre los viejos robles para agacharme sobre una cama de hojas, tratando de orinar sin mojarme los tobillos. Diversos dolores vagan por los caminos de mi cuerpo en busca de lugares para acampar.

Me pongo unos pantalones y una camisa secos. La franela jamás me pareció tan suave. Acaricia mi piel, pero el frío no abandona mis huesos, ni siquiera después de que estoy metida en mi chaqueta de plumas de ganso. Sueño con un buen baño de burbujas para calentar mis miembros. No me gusta nada estar aquí. Me molesta tener frío, estar empapada y cansada, no tener un lugar cálido para refugiarme. Odio ser tan vieja para este agotador día.

Pero cuando todos, secos y contentos, se reúnen alrededor de una improvisada mesa de cocina en el campo, acepto una taza de chocolate caliente y su fragante dulzura me invade.

Los últimos rayos del sol envían acariciantes tentáculos entre los árboles y sobre el agua. Mi marido me invita a caminar por la orilla del río para "besarnos en el atardecer". En lugar de acogerme a un frenesí romántico, en realidad prefiero tomar otra foto mental de mis siete hijos, todos adultos, devorando su filete y sus patatas con el apetito de los jóvenes.

Cae la noche. En la fogata, las lenguas de fuego suben muy alto, los estallidos de luz bailan en nuestros rostros, el humo de la madera quemada se mezcla con el aroma de los pinos. Sentados en troncos caídos, alrededor de la fogata, formamos una estrella de nueve puntas, con infinidad de líneas que nos conectan a unos con otros. Algunas conexiones están trazadas al rojo vivo, otras, en un amarillo más tenue. Jonathan echa un par de maderos al fuego y lanza una sonrisa infantil hacia Tomm. Los dos se hicieron amigos desde el principio y, desde hace muchos años, llevan una cuenta ininterrumpida de sus partidas de Scrabble. Cheryl está sentada a mis pies, entusiasmada con la nueva experiencia, sintiéndose caliente gracias a la comida, el fuego y mi cariño. Melissa tiene abrazada a Tomm, la muchacha que una vez le "robó" a su padre, pero que ahora es su hermana. Eden está acurrucada entre sus dos cuñados, David y Barry. Mi marido, sintiéndose pleno por el día y la noche, no puede dejar de ir de aquí para allá, y se acerca a todos para chocar las manos.

Hemos superado el día en el río indomable. Hemos superado veinte años de navegar por las turbulentas aguas de una familia unida.

David atraviesa un malvavisco con una larga rama y lo asa para dármelo. Había jurado que sólo comería uno más, pero cuando sus orillas se contraen y rizan con el fuego, enviando un delicioso olor a caramelo, las papilas gustativas me dicen que seguramente serán muchos más.

Cada uno ha preparado un acertijo, una canción o un juego. Mientras jugamos y reímos, no pienso en mi sleeping bag en el suelo de triplay de la tienda. No pensaré en el traje de goma frío y empapado que me tendré que poner otra vez cuando amanezca. Éstos son mis muchachos, estos siete hombres y mujeres, todos sanos, bellos y exitosos; de ellos, cinco no me correspondían, pero ahora forman parte de mi panorama emocional y definen la persona que soy.

Talia Carner

118

Desmitificación de una mala palabra

Existen infinidad de nombres que puedes aplicar a un hombre que no quiere contraer compromisos, desde Peter Pan y hombre de Marte hasta desobligado, pero yo he desarrollado mi propia teoría para explicar por qué hay tantos hombres que no quieren adquirir un compromiso, a diferencia de casi todas las mujeres.

La palabra, en un contexto cualquiera, que no tenga que ver con lo que una mujer quiere del hombre que ama, está cargada de connotaciones negativas, como incurrir en una falta o cometer un crimen. Supongo que habrás captado la idea.

El lado extraordinario de esta revelación es que ahora puedo achacar mi aclamada soltería a otra cosa que no sean mis patas de jilguero. Me gusta la teoría.

Así, acudí a la biblioteca para ahondar la investigación de mi descubrimiento. La situación es incluso más grave de lo que supuse. Según el diccionario de la Real Academia, comprometer quiere decir "hacer a alguien responsable de alguna cosa" o "poner en manos de un tercero la determinación de la diferencia en un pleito". Como si esto no fuera bastante duro, el diccionario también incluye esta definición que produce calosfríos: "Exponer a alguno, ponerle a riesgo en una acción o caso aventurado".

Bonito. Estoy pensando en otorgar el perdón a mis novios del pasado por su extraña conducta siempre que surgía el tema de compromiso, claro que porque yo lo sugería. ¿Quién podría achacarles algo por no sentirse emocionados ante el prospecto de exponer sus respectivas vidas a un montón de riesgos o casos aventurados?

Está bien, las connotaciones del verbo son algo ominosas. Entonces pensé que como sustantivo –que, después de todo, es el uso de la palabra que nosotras las mujeres queremos que los hombres acepten– sería algo más promisorio. Así que recorrí la página en busca de "compromiso". Ahí encontré una acepción terrible "estar o poner en duda una cosa que antes era clara y segura". Con la esperanza de que hubiera por ahí una definición más satisfactoria, seguí leyendo. Pero lo siguiente que encontré probablemente se refería al temor más grande de los hombres: "obligación contraída, palabra dada, fe empeñada". ¡Ay! No es raro que nunca se hayan quedado tiempo bastante para descubrir que yo tengo mi propio plan de jubilación.

Después de leer todas estas definiciones asesinas de cupido, finalmente opté por una que más o menos encajaba en el contexto de una relación entre hombre y mujer: "hacer responsable a uno de alguna cosa". ¡Qué romántico! ¡Bien podría haber estado en cursivas!

Como soy escritora, siempre me ha gustado consultar el diccionario de sinónimos y antónimos. Cuando me atoro en una palabra, con frecuencia acudo a mi viejo librillo naranja para encontrar una solución. Ésta no sería, ciertamente, la excepción. Mi viejo amigo me apabulló con cuatro sílabas punzantes. "Sustantivo. Véase obligación." Aquí terminaba mi búsqueda semántica. Bueno, pensé, cuando menos ahora que sé quién es el culpable, podré ponerme pantaloncillos cortos otra vez. El hecho de que mis piernas casi no produzcan sombra ya no importa.

Es una mala palabra por definición y a eso debe su mala fama. No es extraño que su sola mención provoque temblor dentro de sus zapatos a los hombres del mundo. Lo que no acabo de entender es por qué tan pocas mujeres tienen la noción masculina de que el compromiso es como un boleto sin retorno a Sin Sing.

Aún no lo he demostrado, pero estoy casi segura de que casarse y "exponerse a un peligro" son ostensiblemente diferentes. Me aventuraría a decir que, en el caso de la mayor parte de las solteras, la palabra compromiso despierta imágenes de calor, felicidad y estabilidad. El único peligro involucrado es un montón de basura al frente de una valla de madera blanca los martes por la mañana.

Para mí, compromiso significa que ya no tendré miedo de que lleguen las campanadas de Año Nuevo. Simplemente podré mirar al rostro que está a mi lado y sentirme segura de que, venga lo que venga, no deberé aguantarlo sola. Significa que alguien saldrá corriendo a medianoche para comprar Benadryl para mi alergia la próxima vez que mis abejas muestren sus rostros furibundos. Significa que alguien me tomará de la mano cuando llegue la hora de enterrar a mis padres. Y que alguien se reirá de mis chistes, o cuando menos sonreirá.

Quiero que la persona que me da el beso de buenos días sea la misma que me da el beso de buenas noches hasta que llegue el día cuando los dientes ya no formen parte de nuestro ajuar para dormir y más allá.

También significa que no tendré que salir a más citas. Las citas fueron divertidas como parte de un proceso de salir a compartir una comida, ver una película, bailar. Ahora, cuando salgo, me pregunto si el extraño que está del otro lado de la mesa será un buen padre, si recicla la basura, si lleva bien su chequera.

He llegado a la edad en que un beso es mucho más que cuatro labios tocándose. Es una promesa de interés. Y cuantos más años cumplo, más difícil me resulta interesarme.

Me gustaría tener que decir a un hombre, sólo una vez más, que yo soy la hermana de en medio. Estoy aburrida de explicar que estudié periodismo pero que escogí la publicidad porque me gusta inventar cosas. El verano entrante me gustaría jugar tenis con la misma persona con la que jugué tenis este verano y después hacerlo verano tras verano. ¿De qué otra manera podemos conocer los puntos vulnerables del otro lo bastante bien como para aprender de ellos?

En años recientes, me he dedicado a mi carrera. Todo marchaba muy bien, pero ahora estoy lista para dedicar mi energía a otras cosas, por ejemplo, a hacer el amor para siempre con mi mejor amigo. También para enseñar a mi hijo que a un perro no se le jala del rabo, a escoger un árbol de Navidad que quepa en mi sala. De hecho, me gustaría tener la misma sala dos Navidades seguidas.

Y, ¿sabes algo? Estoy convencida de que casi todos los hombres también quieren estas cosas. Lo que les provoca tanto miedo es toda la carga negativa que asocian con la mala palabra.

Por lo tanto, he decidido que cuando encuentre al hombre con el que me gustaría envejecer, le miraré de frente y le preguntaré si está dispuesto a aceptar un... plan de juego.

JULIE CLARK ROBINSON

La terapia de lavar platos

Encendí la luz de la cocina y no tardé nada en arrepentirme. La cocina era un desastre, con platos sucios por todas partes. Mi marido me puso una mano en el hombro y dijo bajito: "No es tan grave como parece". Suspiré y llené el fregadero. Al poco tiempo, el vapor empezó a subir en espirales y las burbujas brotaban de las puntas de mis dedos. El cansancio desapareció poco a poco y me perdí en el ritmo de sumergir, lavar, enjuagar y secar los platos. Siempre me ha ocurrido lo mismo.

Mi suegra reseña con frecuencia las muchas razones para comprar una lavavajillas. Dice que lavar a mano consume más agua que su elegante modelo, que gasta poca energía eléctrica. Tal vez tenga razón. Yo prefiero hacerlo a la antigüita, como mi madre y su madre antes que ella: con una pileta llena de agua tibia jabonosa, un trapo de algodón y mis dos manos.

Algunos de mis recuerdos más gratos de infancia giran en torno de recoger la mesa después de las cenas familiares. Cuando éramos niños, mis hermanos y yo hacíamos todo lo posible para que no nos vieran y así no tener que lavar los platos. Pero una vez que estábamos parados sobre un banquillo ante el fregadero, nuestros subterfugios acababan y nos dedicábamos a cantar canciones tontas y a escuchar cuentos que de otra manera jamás habríamos escuchado. La abuela me daba trocitos de postre cuando pasaba a mi lado y mamá se hacía la desentendida, fingiendo que no había visto. Cuando tuve edad de invitar a muchachos a cenar a casa, la prueba última era lavar los platos. Si el joven se ponía de pie y ofrecía su ayuda en el momento que mamá resbalaba su silla hacia atrás al terminar de cenar, estaba aprobado. Si se hacía el remolón y había que pedirle que ayudara, no podía contar con invitaciones futuras.

Antes de la llegada de mis hijos, que consumen tanta de mi energía, me encantaba lavar los platos después de una cena tranquila con mi marido. A veces él me ayudaba, otras no. Me encanta hacer algo que atonta la mente y, lo que es esencial, tiene algo de terapéutico. Perdida en el ritual de trabajar entre espuma jabonosa, yo saboreaba nuestra proximidad, pensaba en nuestros pleitos y soñaba con nuestro futuro.

Ahora que tengo hijos, me gusta todavía más lavar platos que otra labor cualquiera. Soy capaz de evitar, sistemáticamente, habitaciones que están pidiendo a gritos una buena aspirada, pero siempre seré la primera en ofrecerme a lavar los platos, aun cuando somos seis de familia y hay tanto que lavar. Sé que la recompensa terapéutica aparecerá pronto después de empezar el proceso.

Cuando volvemos de la escuela y el trabajo y comemos con hambre el alimento que ha terminado de preparar mi fiel olla eléctrica, mis hijos me ayudan a recoger la cocina. Meten sus manitas en el agua jabonosa y, en nuestra conversación, codo con codo, me cuentan cosas que jamás me contarían si les preguntara. Ellos interactúan, cada uno pensando que es parte útil y necesaria de nuestro hogar. En un mundo complejo, lleno de interminables retos sin principio ni fin, lavar los platos nos recuerda que no todos los trabajos son complicados. Algunos son sencillos y fáciles de realizar: plato por plato, vaso por vaso, olla por olla. El orden brota del caos. Ojalá el resto de nuestras vidas fuera así de sencillo.

Hay personas que se asombran de que tenga cuatro hijos y no tenga lavavajillas. No saben que hice que mis hijos lavaran platos cuando sus narices apenas alcanzaban el borde de la mesa, alabando sus esfuerzos por "ayudar a mamá", aun si al principio significaba más trabajo para mí. Cuando eran muy pequeños, mis hijos no pensaban que lanzarse en un fregadero lleno de agua jabonosa fuera una tarea pesada porque los enganché en mi gozo secreto antes de que se percataran de que era una verdadera labor. Cuando un niño empezó a tartamudear, lavábamos platos al mismo tiempo que charlábamos. Se desaceleraba y empezaba a hablar sin tartamudear, su terapeuta de lenguaje estaba asombrada. Hoy, a los once años, le sigue encantando lavar los platos.

Cuando estoy sola fregando la grasa es como si también estuviera deshaciéndome de la basura que nubla mis pensamientos. Las soluciones que no había podido encontrar en todo el día, aparecen fácilmente, como si hubieran estado esperando a que me relajara para encontrarlas. La tensión abandona mis hombros y veo las cosas desde otra perspectiva. No es que quiera glorificar el acto de lavar platos. No es como un largo baño de burbujas con la puerta cerrada y velas aromáticas consumiéndose a un lado. No es siquiera tan reconfortante como un vigoroso paseo por el bosque. Pero, en una vida muy agitada, llena de actividad y frustraciones, es una buena opción.

Muchas fiestas han terminado con nuestras invitadas remangándose gustosamente las blusas y echando una mano. Mientras lavábamos platos juntos, hemos compartido penas y alegrías de nuestras vidas, contándonos intimidades que jamás habríamos mencionado en la mesa durante la cena ni en una sala llena de invitados. Hemos disfrutado del milagro de la vida cuando nuestras manos jabonosas se han extendido a tocar un bebé pateando en nuestro interior. Nos hemos puesto servilletas de té en los hombros y nos hemos abrazado para llorar y para reír.

Lavar platos despierta la alegría, la conversación y la cercanía. En el proceso, la cocina que ha quedado hecha un desastre después de preparar una comida vuelve a quedar en su lugar.

Nunca he visto una lavavajillas que haga esto.

JULIA ROSIEN

Las cuatro Mary

En la vieja foto, en blanco y negro y con la orilla maltratada, mi madre aún no ha cumplido los treinta y yo soy una niña bañada por el sol, con una corona de rizos, colocada a caballo sobre su cadera. A mamá le encanta levantar el delgado marco dorado que contiene la foto, colocado en el borde de la chimenea, y enseñársela a sus hijos y nietos. La llamamos "las cuatro Mary", porque es una foto de cuatro generaciones de mujeres de la familia, todas ellas primogénitas y llamadas Mary: mi bisabuela, mi abuela, mi madre y yo. Yo me llamo Mary Margaret, por mis dos abuelas, y por todas las demás Mary del lado materno de mi familia, pero siempre me han llamado Peggy para evitar las inevitables confusiones.

En la foto sólo tengo dos años y aparezco con el rostro fruncido. Estoy mirando una de mis manitas, que está ligeramente acunada como si Campanita estuviera sentada ahí, mirándome, y con la otra estoy señalando hacia la primera. Mamá recuerda que poco antes de que tomaran su foto preferida, mi bisabuela me había llevado al jardín y me había dejado cortar la flor que yo quisiera. Mamá dice que era una flor de pajarilla que me gustó tanto que no quise levantar la cara para mirar hacia la cámara. Las pajarillas me siguen gustando, porque parecen fuegos artificiales que acaban de estallar.

Mi padre estaba ausente, combatiendo en un navío en la Segunda Guerra Mundial. Al estudiar la foto se nota que la guerra ya había afectado las modas femeninas. La falda oscura de la bisabuela es voluminosa y le llega casi hasta los tobillos. En cambio, la abuela y mamá llevan faldas rectas justo abajo de la rodilla. La escasez de tela dictó esas faldas más cortas para las generaciones de mujeres jóvenes.

Una blusa oscura de manga larga y cuello alto y un chal de opacas flores y flecos cubren el torso de la bisabuela. Mi madre y la abuela llevan blusas apretadas. El escote redondo de la abuela se ciñe a su amplia figura de matrona con orgullo, pues ella misma tejió el encaje de hilo que da tres vueltas completas al filo del cuello y las mangas. Mamá lleva una blusa de delgada gasa de algodón, con toda la pechera bordada, al igual que los festones que rematan las mangas cortas.

El cabello de la bisabuela —que jamás cortó— está peinado hacia atrás, formando un delicado chongo, y es oscuro, oscuro, oscuro. Pienso, por primera vez, que seguramente se lo teñía. El cabello de la abuela es corto y tiene rizos muy apretados, como era la moda del permanente. Mamá, cuando toma la foto, me recuerda la historia de que, hasta pocos años antes, su madre jamás se había cortado el cabello. Cuando volvió a casa con un corte abombado y su trenza de un metro en una bolsa de papel, su marido se molestó tanto que dejó de hablarle varias semanas.

Mamá se parece a la muchacha de los viejos anuncios del shampú Breck, con cabello de rizos naturales enmarcando su radiante complexión de los años cuarenta, con los labios pintados y pendientes de perlas. Todas esas muchachas de Breck parecían ángeles de Rafael, pero sin los kilos extra. De hecho, en la foto, mamá está demasiado delgada. La preocupación por la seguridad de papá sumada a los resultados de los racionamientos de la guerra explican los huesos de la cadera que resaltan en el frente, detrás de la tela de su falda.

En el fondo de la foto hay un peral y un jardín lleno de flores. Más lejos está el granero donde crecieron mi abuela y sus cinco hermanas, donde mi madre pasó todos los veranos de su juventud. El florido jardín entre el camino de tierra y la casa era el territorio privado de mi bisabuela. Varias veces a la semana se encasquetaba un sombrero de ala ancha y se metía en su propio Edén especial con un par de tijeras y una gran canasta plana. Se tomaba su tiempo, disfrutando y gozando del aire fresco de la mañana mientras cortaba las flores para formar ramilletes que colocaba en su casa victoriana de tres pisos.

El patio del frente de mi casa, en un pequeño lote de ciudad, también está lleno de flores. Hace tiempo que mi marido y yo cambiamos el aspecto del césped, desde la acera hasta el escalón de entrada, sembrando flores. En cada primavera y verano, la valla que está junto al camino de entrada desaparece bajo las prolíficas enredaderas de clemátides y las fucsias, y las pajaritas compiten con las dalias y las rosas para tener un lugar bajo el sol. En un extremo, junto al camino, hay una granada y un ciruelo.

Hace poco, mis padres vinieron a visitarnos y mi hija —que se llama Jill— pasó a verlos cargando a una de sus hijas.

—¡Ay, Mary, saquemos una foto de cuatro generaciones de mujeres de la familia! —sugirió mi padre—. La podrás colocar junto a la de las cuatro Mary.

Salimos todas y nos formamos en fila en el jardín, con las hojas moradas del ciruelo a un lado. Nosotras teníamos los ojos entrecerrados por el sol y mi marido luchaba enfocando la cámara.

—¡Sonrían! —dijo mi padre desde un lado y, en un instante, estábamos todas listas y sonriendo.

—Un momento —dije, recordando algo importante. Corrí al jardín, corté una flor de pajarilla y se la di a mi nieta.

PEGGY VINCENT

128

Camaradería

Podría haber ocurrido en cualquier parte, pues Ursula y Margrit eran originarias de Suiza, Erika de Canadá, Sherry de Pennsylvania y su servidora, Barbara, de Nueva Jersey, pero encontramos la verdadera camaradería en Inglaterra. Nos conocimos en Londres con la intención de realizar una excursión de siete días por la costa de Cornwall, desde Penzance hasta Falmouth. Tres excursionistas veteranas y dos novatas partimos con la confianza y el optimismo básico que casi todas las mujeres comparten, a pesar de que sólo una de nosotras conocía a las otras cuatro. No me preocupaba, porque Úrsula, mi amiga más vieja y querida, era quien había escogido a las participantes y el destino de la aventura de nuestra primera excursión en grupo, ¡y vaya aventura que resultó!

Nos había prometido que un "ángel de la guarda" vigilaría nuestro avance, y la noche antes de nuestro primer día de excursión nos presentó a Stuart. Éste apareció en Penzance y nos entregó el mapa de la excursión que duraría una semana, un itinerario de los hostales y su promesa solemne de que transportaría nuestro equipaje al destino de cada día, y nuestras personas si fuera necesario. Pasara lo que pasara, todas acabaríamos llegando a Falmouth. Seis de los siete días, él fue delante de nosotras en su auto compacto repleto de maletas. El día que una pasajera usurpó parte del espacio del equipaje, Stuart, sin la mínima queja, hizo un segundo viaje para recuperar las maletas que había dejado. Nunca hemos revelado quién se dio por vencida ese día. Siempre imperó la lealtad.

Cada mañana, después de un opíparo desayuno, partíamos alrededor de las nueve, porque era un término medio entre las madrugadoras y las que no lo eran. Designábamos a una "cuidadora" del mapa, casi como símbolo de honor, porque éste estaba recubierto de plástico y colgaba de una cadena que nos parecía un collar de valiosas joyas. Cada una de las mujeres lo portó con orgullo, asumiendo por ese día el rol de líder, más o menos. Todas tuvimos nuestro turno. Siempre imperó la justicia.

Estudiamos el mapa lleno de prados verdes, de trazos y de hitos. El formato distintivo tenía sentido, pero las novatas jamás dejaron de asombrarse cuando excursionábamos. Para las chicas citadinas, todos los prados, las dehesas y los caminos de los acantilados lucen igual. Muy pronto nos dimos cuenta de que mi podómetro no podía seguir nuestro ritmo y ponderamos la forma de relacionar los kilómetros con los tiempos que Stuart había calculado. Como ninguna de nosotras es buena para las matemáticas, hicimos caso omiso de los cálculos y simplemente nos concentrábamos en nuestro destino. Sabíamos que con una vuelta equivocada, esa noche nos quedaríamos sin alojamiento o, peor aún, sin cena. Caminábamos muy concentradas. Siempre imperó la dedicación.

Sentíamos que nos ganábamos la cena. Nos quitábamos la ropa de excursión y nos arreglábamos un poco sólo para demostrar que los rigores del día no habían hecho un daño permanente. "¿Todavía no estás arreglada?" se convirtió en el santo y seña para apresurar a la que siempre se tardaba más. Pero esperábamos, con los estómagos rugiendo de hambre y llegábamos al comedor juntas. El orden del día siempre empezaba por un brindis por nuestro avance y el milagro de que hubiéramos terminado en el lugar correcto. Añadíamos un poco de disparates a la cuenta de kilómetros de Stuart para no sentirnos mal cuando nos atascábamos con magníficas comidas. Cada hostal nos preparaba un generoso rancho, pero a no ser que pasáramos por un pequeño pueblo, no encontrábamos ningún extra que pudiéramos comer. Llegábamos con un hambre vergonzosa a la cena. Siempre imperó la complacencia.

La primera vez que nos perdimos nos habría encantado pedir señas, pero como las vacas no saben hablar, nos encontramos solas. Cada día era como salir a la caza de un tesoro. Subíamos por interminables muros de canto que dividían un prado de otro, con la esperanza de estar en el camino correcto. Muchas veces no lo estábamos y teníamos que escalar muros más altos o colarnos entre vallas que sabíamos que no estaban en la ruta. Una vez tuvimos que sumir la barriga para deslizarnos por debajo de una reja, porque el muro que rodeaba el lugar tenía encima rollos de alambre de púas hasta donde nos alcanzaba la vista. Una vez subimos por las colinas, pero el magnífico panorama seguramente nos distrajo y dimos una vuelta equivocada que nos llevó a la playa. De repente caminábamos por agua y trepábamos por rocas, unas ayudándonos a otras para subir por las más escarpadas, hasta que volvimos a llegar a las colinas. Cuando perdimos el curso siempre encontramos una salida. Siempre imperó el trabajo en equipo.

Stuart nos había señalado un plazo perentorio en el camino, advirtiendo que la marea alta nos podía dejar atoradas en una isla si no llegábamos a tierra firme a tiempo y también en el caso de un ferry que teníamos que tomar antes de su última corrida, a las cinco de la tarde. Nos preguntábamos si simplemente estaría tratando de aumentar nuestra emoción, pero no nos atrevimos a no hacerle caso. El plazo presionó bastante a las cinco mujeres, de cuarenta y cincuenta y tantos años, que se sentían considerablemente agotadas después de siete u ocho horas de camino. Sin embargo, seguimos caminando con tesón. Siempre imperó el valor.

Todas las del grupo éramos buenísimas para hacer maletas. Lo que una había olvidado, la otra lo había recordado y traía un extra de... los artículos más raros. Al terminar el segundo día, sucumbimos a las ampollas. Todas menos una nos estábamos quejando de ellas mientras remojábamos nuestros pies en una tina de agua fría. Tuvimos que preguntar cuál era el secreto de la que no las tenía. Ella confesó que era la piel de molesquina y nos preguntó si no la usábamos. Jamás habíamos oído hablar de ella. Por lo tanto, Erika, que incluso había metido unas tijeras en su equipaje, se convirtió en nuestra enfermera de planta, cortando la molesquina para aliviar nuestros ampollados pies. Todavía nos reímos de la foto de los ocho "pies" que tomamos, en la cual aparecen cuarenta dedos vestidos todos con distintos arreglos de molesquina. Ella nos abrió un mundo nuevo sin dolor. Siempre imperaron los cuidados que nos prodigamos.

Al término del tercer día íbamos muy atrasadas y nos sentimos muy contentas cuando, finalmente, vislumbramos nuestro hotel a la distancia. ¿O, tal vez, teníamos la esperanza de que fuera nuestro hotel? Nos habíamos perdido, nos había llovido un rato tan largo que nos parecieron horas y los últimos metros avanzamos prácticamente a rastras. Cuando vimos el hotel más de cerca, advertimos una magnífica entrada con una escalinata que se erguía como el Monte Everest. Subimos como pudimos y puedo asegurar que ninguna corrió como "Rocky". El personal nos recibió con amabilidad a pesar de la pinta que llevábamos. De todos los lugares a los que llegamos, ¿por qué habíamos tenido que caer sucias, mojadas, agotadas y muertas de hambre al hotel más elegante de nuestro itinerario? Con la esperanza de rectificar la primera impresión tan poco glamorosa que habíamos producido, juramos hacer acopio de energía para arreglarnos lo mejor posible para la cena y después nos aseguramos unas a otras que la tarea no sería tan difícil. Siempre imperó la aceptación.

Para mí, una de las alegrías de estar en Inglaterra era el chocolate Cadbury. Las otras no parecían ser adictas, pero yo había satisfecho mi dulce glotonería todos los días gracias a una reserva secreta que había guardado cuando me di cuenta de lo campestre y remota que era nuestra ruta. Cuanto más lejos caminábamos, tanto más contenta me sentía de haber sido previsora y de haberlo comprado de antemano. Sin embargo, seguramente calculé mal la cantidad de tablillas o comí más de la cuenta una o dos veces, porque antes de llegar a Falmouth mis reservas se habían agotado.

Como todas estábamos al pendiente de las necesidades de las otras, mis amigas notaron que había pasado todo el día sin comer chocolate y me preguntaron por qué. Cuando les dije que me había quedado sin reservas y acepté que había comido como un cerdo, se soltaron a reír y sacaron una tablilla que una de ellas pensaba llevar a casa. Después me cantaron a coro que nadie necesitaba eso tanto como yo. Siempre imperaron las cosas compartidas.

Pasados los siete magníficos días de nuestra excursión, nos alegramos mucho de que el grupo hubiera resultado tan armonioso. Cuanto más nos fuimos conociendo, tanto más unidas nos sentíamos. Lo conseguimos con sólo depender unas de otras. No surgió problema alguno que no pudiéramos resolver. Nadie estuvo en contra de algo ni protestó. Formamos un grupo fácil y amante de la diversión. Perdernos, llegar tarde y sufrir aguantando las inclemencias del tiempo y las ampollas no provocaron el mal humor de nadie. Bromeamos durante todas las "calamidades" y todavía lo hacemos cuando recordamos el viaje. Siempre imperó la risa.

Hasta donde tengo memoria, Stuart calculó que la distancia entre Penzance y Falmouth era de unos trescientos kilómetros. Sin embargo, el podómetro que llevé religiosamente marcaba una medición final de trescientos veintiocho kilómetros. Nuestra producción diaria máxima fue de sesenta kilómetros y un cuarto, pero la mayor parte de los días hicimos un promedio de cuarenta kilómetros. La razón de la discrepancia no era sólo que nos hubiéramos perdido, también habíamos vagado y explorado mucho. Y, aunque así hubiera sido, nos divertimos mucho. Siempre imperó la perseverancia.

Stuart cenó con nosotros la última noche de la excursión. Cuando le contamos algunos de los puntos cumbre de nuestra aventura se rió. Después se puso serio y nos dijo cuán orgulloso estaba de nosotras. Estábamos a punto de llorar, pero Úrsula salvó el día. La eterna optimista, con total confianza en nuestro éxito, había hecho diplomas de excursionista para todo el grupo, certificando que cuando menos trescientos kilómetros —más varias desviaciones proyectadas y no proyectadas— de excursión por la ruta costera de Cornwall, de Penzance a Falmouth en Inglaterra, habían sido dominados por cada una de las mujeres del grupo. Había mandado imprimir nuestros nombres en ellos, incluido un espacio para que nuestras compañeras excursionistas lo firmaran, así como Stuart, nuestro "entrenador". Son un recuerdo que atesoramos. Siempre imperaron los detalles.

En mi búsqueda de amigas de corazón, de un trabajo desprendido en equipo, de una unión sólida y de un apoyo incondicional, aprendí que no están en el "¡lugar, lugar, lugar!", sino en las personas, personas, personas, y específicamente, en ¡las mujeres, mujeres, mujeres!

BARBARA NUZZO

Leyenda de la amiga perfecta

Había una vez..., que tuve un talento asombroso. Dado el estímulo correcto, en un segundo me convertía en la mujer perfecta. El estímulo correcto era un hombre guapo con un buen empleo, sin compromisos previos, razonablemente culto, interesado en el vino, la música, los museos y en mí... Ustedes saben, uno del tipo casadero.

Un solo "¿puedo llamarte?" pronunciado por el Sr. Casadero y yo inmediatamente empezaba a girar al estilo Lynda Carter en *La mujer maravilla*. Salían volando chispas, sonaba mi canción preferida y, cuando el humo se disipaba, me había convertido en Ella. Ustedes saben de qué Ella estoy hablando. Quizá la hayan visto en un restaurante o la hayan conocido en la escuela o tal vez ustedes también sean una. Estoy hablando de la amiga perfecta. ¡Ta-ra-rá! La que jamás discute, jamás se queja y jamás manifiesta desagrado por nada de lo que su posible marido podría hacer o dejar de hacer.

Uno de los disfraces más asombrosos de la Amiga Perfecta es la Muchacha sin Funciones Corporales. Estoy segura que ustedes también la conocen. No eructa, no orina, no huele ni tiene el cabello despeinado. El cuento mítico de la única vez que, quizás, arrojé un aire es como una leyenda urbana: alguien conoció a alguien que conoció a alguien que estaba ahí cuando supuestamente ocurrió, pero que de hecho nunca lo vio.

Claro que todo esto es entrenamiento para el día cuando la Amiga Perfecta se convierte en la Esposa Maravillosa que posee poderes sobrehumanos aún más grandes. Estos poderes incluyen, pero no se limitan a, preparar cenas exquisitas de cinco platillos, tener hijos brillantes, organizar un hogar feng shui, al mismo tiempo que gana un sueldo de seis cifras y es alguien perfecto para llevar del brazo a las cenas de gala.

Ustedes se preguntarán por qué pasé por esta tortura. ¿Por qué no ser auténtica y dejar que los dados caigan en un lugar cualquiera? Les diré...

Empezó cuando tenía unos dieciséis años. Estaba en la cocina guisando con mi abuela, creo que estábamos friendo patatas. Sea como fuere, la abuela, una mujer maravillosa aunque a veces demasiado cándida, que fue criada en el Sur, vio mi técnica para pelar patatas y proclamó con total certeza: "¡Ay nena! Jamás encontrarás marido si pelas así las patatas".

Ahora me doy cuenta de que la idea de mi abuela respecto a que mi capacidad para encontrar y conservar un marido estaba estrechamente ligada –por no decir que dependía directamente de– a mi habilidad para pelar patatas era bastante tirada de los pelos, por no decir –lo siento abuela– que era una locura total. Pero yo tenía dieciséis años y poca experiencia en estas cuestiones. Mi abuela me triplicaba la edad y había atrapado al mejor hombre que haya existido jamás: mi abuelo. Así que sus palabras tal vez tenían algo de cierto, aunque sólo fuera un ápice.

Desde ese momento adopté la mentalidad de mi abuela sobre otras formas comprobadas de ganar el corazón de un hombre. Es decir, como ya me había tragado el asunto de la pelada de patatas, también podría averiguar qué otra cosa tendría que perfeccionar. Porque ser una mujer sin marido es una suerte peor que la muerte, ¿qué no?

La posibilidad de detectar con precisión la experiencia que marca la raíz de mi neurosis es lo que las terapeutas llaman el punto muerto, lo que Oprah llamaría el momento ¡Ajá! Ahora bien, no me malentiendan, no estoy culpando a mi abuela por sus consejos. Ella –Dios la tenga en su gloria– estaba enseñándome la mejor estrategia que conocía para el tipo de combate frente a frente que entraña encontrar un buen marido. Estas perlas de sabiduría seguramente le habían funcionado a ella y, con toda probabilidad, su madre se las había enseñado cuando estaba pelando mal una patata. También entiendo por qué le funcionó.

Verán ustedes, mi abuela creció a finales de los años treinta y principios de los cuarenta. El mundo era diferente, eran tiempos de hombres caballerosos y cada traje necesitaba su correspondiente mascada de chifón. Las mujeres habían conquistado el derecho al voto recientemente, pero la máxima aspiración de una muchacha era conocer al hombre de sus sueños, casarse, tener un par de chiquillos jugando en el tapete y morir de muerte natural. Todo ello siempre perfectamente peinada.

Lo gracioso es que podemos observar que una mujer llega a ser presidente general ejecutivo de una compañía importante o ver *El club de la buena estrella* infinidad de veces, pero una parte de nosotras piensa que el verdadero valor de una mujer sigue atado a tres cosas: su belleza, su capacidad para cocinar y su capacidad para tener hijos. Y no es que desconozcamos que no debemos creer en esas tonterías, sino que no estamos dispuestas a correr el riesgo de ignorar si toda esa palabrería podría tener un ápice de verdad. Por lo tanto, aceptamos todas las mentiras y nos envolvemos en nuestras capas de súper heroínas. Cuando menos, eso hacemos algunas, y yo lo hice alguna vez.

Pero estoy aquí para decirles que no hay un caballero andante galopando sobre su brioso caballo en busca de la muchacha perfecta que pueda calzar la zapatilla de vidrio. No hay fórmula garantizada para encontrar un hombre y tampoco hay una forma correcta o incorrecta de pelar una patata —¡gracias a Dios!—. Y contorsionarse en forma de pretzel para encajar en lo que una piensa que es la idea de otro respecto a cómo debe ser una... no funciona y no vale la pena. Antes o después una olvida sacar la capa mágica de la tintorería o tal vez el polvo mágico que ha estado obstruyendo su mirada se desvanece y una ve al sapo que ha estado tomando por príncipe.

Muchas lecciones dolorosas me han enseñado que es mucho mejor estar completa y sola que ser una versión fragmentada de una misma y con alguien al lado. Hombre o no hombre, hijos o no hijos, sea que cocine como Martha Stewart o que queme las palomitas de microondas, toda mujer merece la felicidad y el éxito tal como ella es. Así que, señoras, que la Amiga Perfecta se pudra. Ustedes suéltense la melena y dejen que ocurra. Y juntas digámosle todas que sea real y que se vaya a paseo.

SHAUN RODRÍGUEZ

Viaje a la abundancia

Hace dos años mamá compró una pequeña cabaña de maderos en el bosque de Cloudcroft, Nuevo México, para poder pintar sus óleos y huir del calor de Texas.

Ese verano nos llamó diciendo que hacía la maravillosa temperatura de 24 grados en las montañas.

—¿Por qué no vienen a visitarme? —Nos invitó.

Mi marido no podía abandonar su trabajo, pero eso no impedía que Mindy, nuestra hija de siete años, y yo fuéramos. Le dejamos al perro, cinco gatos y el refrigerador lleno de instrucciones pegadas en la puerta, y viajamos a una altura superior a los 3,000 metros para pasar dos semanas descansando con mamá.

Ella nos recogió en el aeropuerto de Alamogordo, una población cercana, y después de intercambiar abrazos me dispuse a hacer un agradable paseo por la carretera hasta la cabaña. Conforme subíamos por la montaña, la carretera de cuatro carriles se estrechó a dos, bordeando un pronunciado despeñadero. Por todas partes había hermosos prados de flores silvestres, huertos de manzanos y pinos. Mamá se hizo a un lado del camino, en un terraplén, para que pudiéramos estirar las piernas. Mindy apuntó hacia unos alpinistas que bajaban a rapel por una grieta hacia un plano. La visión quitaba el aliento.

Cuando reanudamos el viaje, empezaron a formarse nubes negras de lluvia alrededor de la cima de la montaña.

—¿Nos dirigimos hacia ese lugar? —pregunté señalando el acantilado envuelto en una especie de humo.

–Sí. Espero que lleguemos antes de que caiga la lluvia vespertina.

Me moví nerviosamente en el asiento aterciopelado del Crown Victoria 1989. Mamá metió la mano en su bolsa, sacó un encendedor y prendió un cigarrillo. A medida que íbamos subiendo por las montañas, la bruma parecía tragarse el coche.

–¡Agárrense fuerte, muchachas! –dijo mamá, al tiempo que el auto patinaba repentinamente en una curva muy pronunciada.

El camino de tierra que llevaba a la cabaña era muy empinado. El motor de ocho cilindros rugió cuando el auto salió como catapulta por encima de las grandes rocas que había en el fango del camino mientras mi vida entera pasaba ante mis ojos.

El accidentado paseo se detuvo abruptamente, como si hubiéramos caído de un toro en un rodeo.

–¡Hemos llegado! –dijo mamá– ¿Qué les parece?

Tenía la mente tan agitada que no podía pensar.

–Necesito pasar al baño –dijo quejumbrosamente Mindy, rebotando en el asiento trasero del auto.

–No hay baño –explicó mamá–, pero hay una caseta un poco más arriba.

La cabaña estaba anidada, en ángulo de 45 grados, en un costado de la montaña y había un retrete de madera astillada a unos cuantos metros de ella. La puerta del auto se abrió de par en par, empujada por el viento.

—Cuando menos haremos algo de ejercicio –dije, mientras Mindy y yo caminábamos montaña arriba.

Las agujas de pino hacían que la vereda estuviera muy resbalosa. Mindy dio unos cuantos pasos, voló por los aires y cayó al suelo con un tremendo sentón.

–¿Estás bien? –pregunté mientras le ayudaba a ponerse de pie y sacudía su trasero... cuando sentí la mano llena de algo pegajoso–. ¡Fuchi! ¿A qué huele esto?

–Es excremento de mapache –respondió desde lejos, sabiendo por experiencia que no se debía acercar más.

No llevábamos ni cinco minutos en la cabaña de mamá y ya tenía mierda en las manos.

—Toma esa cubeta para que subamos agua del pozo y puedas limpiarte —dijo.

—¿Del pozo? —repetí incrédula.

No sólo no había baño, ¡tampoco había agua corriente! La cabaña era más rústica de lo que había supuesto. Esto sólo era el principio de algo que estaba a punto de descubrir.

Mamá estaba acostumbrada a una vida llena de lujos. Así que me asombró ver que disfrutaba verdaderamente del duro trabajo que significa vivir en la montaña. Cuando entré en la cabaña era evidente que dejar la civilización había despertado su talento artístico. Varios óleos muy bonitos se secaban recargados contra la pared de la habitación. Hacía muchos años que mamá no tenía ganas de pintar.

El sol desapareció entre los árboles y la noche se fue enfriando. Encendimos un fuego en la estufa de hierro del porche. Los ruidos extraños parecían magnificarse a medida que caía la oscuridad.

—¿Qué es ese ruido, mamá? —preguntó Mindy acercándose a mi regazo.

Rostros enmascarados empezaron a asomarse al porche. La luz del fuego iluminaba sus brillantes narices negras y sus ojos de botón.

—¡Ah!, es la señora Mapache y sus cinco hijitos —contestó mamá alegremente—. No te preocupes, no te harán nada.

A la hora de acostarnos, Mindy y yo fuimos arriba, al ático. Mindy despertó en la madrugada y me pidió que la llevara al cobertizo.

—¿Ahora? —pregunté medio dormida al tiempo que buscaba la linterna. Me puse los zapatos, tapé bien a Mindy y le di la mano mientras subíamos por la montaña.

La luz de la luna creciente producía largas sombras delgadas en el paisaje. Las estrellas parecían cuentas de cristal colgando del cielo. El silencio fue interrumpido por una piña que pegó en el techo metálico de la cabaña. Mindy corrió a mis brazos.

—¿Hay osos aquí arriba, mamá?

—No me preguntes eso ahora —contesté temblando.

—En realidad ya no necesito ir al baño. Volvamos a casa.

No discutí. Dimos la vuelta y bajamos por la vereda para volver a nuestra cama.

Unas cuantas horas después, el sol de la mañana reverberaba en las ventanas. Despertamos con el zumbando de las abejas en los muros de la cabaña. Mindy dijo que sonaba como el consultorio de un dentista y se cubrió la cabeza con la manta para dormir un rato más. Mamá preparó huevos con tocino en una fogata mientras yo subía agua del pozo y preparaba café. Las ardillas parloteaban y bajaban corriendo de los árboles y chupamirtos de brillantes colores volaban de un árbol a otro. Había señales de vida silvestre por todas partes: huellas de venado, excremento de mapache, incluso rasguños de oso en los árboles.

—Éste es territorio de Dios —dijo orgullosamente mamá—, hermoso territorio de Dios.

Después de varios días bajamos a Cloudcroft a comprar víveres. El pueblecito parecía una escena tomada de película de vaqueros. Un hombre ofrecía a los turistas un paseo en carretela con un caballo por tres dólares. Mindy y yo hicimos el recorrido por el pueblo mientras mamá visitaba a algunos amigos.

Cuando regresamos a la cabaña, nos detuvimos a echar gasolina en una extraña tienda en la carretera. Mindy tiró de mi manga.

—¡Mira qué extraño perro! —dijo señalando con el dedo.

—¡Eso no es un perro, es un lobo! —contesté mirando hacia el lugar que Mindy había señalado.

—Es la mascota del dueño de la tienda —explicó mamá.

El delgaducho animal tenía una hermosa cola gruesa y una sedosa piel salpicada de manchas grises y blancas. Nos miraba con sus intensos ojos dorados. El dueño se puso junto a Mindy para que acariciara al lobo mientras yo sacaba algunas fotos.

Fue una experiencia que jamás olvidaré. Vivíamos como Grizzly Adams. Nos bañábamos con una cubeta, lavábamos los platos y la ropa en una cubeta, juntábamos leña para el fuego en una cubeta y, después de la primera noche, hicimos un bacín con una cubeta.

Volvimos a casa a contarle a mi marido mil historias de las montañas y sus criaturas y anécdotas de una encantadora cabaña y un cobertizo no tan encantador.

—¿Cómo aguanta tu madre sin lo mínimo necesario? —preguntó.

—Para mamá —contesté después de pensar las cosas un rato— la soledad y la naturaleza son lo necesario. Tal vez se siente como el famoso pintor americano Albert Pinkham Ryder que dijo: "El artista sólo necesita un techo, un pedazo de pan y un caballete, y todo lo demás se lo proporciona Dios en abundancia".

GINA TIANO

La realidad de los sueños

Jamás olvidaré esa "importante junta" con mi asesor en el último año de bachillerato. Abierta y obligadamente le conté de mis aspiraciones y estaba ansiosa de escuchar sus consejos que cambiarían mi vida porque me explicaría cómo alcanzar mejor mis metas educativas y laborales del futuro. Me dijo que yo no estaba hecha para cursar estudios superiores y que, basándose en mi historial académico, "una escuela para secretarias" podría estar más acorde con mis facultades. Su consejo sí cambió mi vida, pero no de la manera que él esperaba, porque no le hice caso. Ni siquiera le tomé en cuenta. Al tratar de limitar mi futuro, aumentó mi decisión de acudir a una escuela superior a estudiar una carrera de mi agrado. Y no tenía interés alguno en estudiar para secretaria.

Así, cuando tenía dieciocho años tomé mi destino en mis manos. Decidí en qué escuela superior quería estudiar, es decir, una pequeña, personal, que alentara mi entusiasmo y ampliara mis intereses. Estudié muchos catálogos y folletos hasta que encontré la que era para mí: Endicott Junior College, entonces sólo para mujeres, en Beverly, Massachusetts. Cuando visité Endicott me sentí como en casa y tomé la decisión. Fue la única escuela que visité en la cual presenté solicitud de ingreso y sostuve una entrevista. ¡Caramba, todo esto me echó a volar la mente! y la respuesta que escucharía muchas veces el resto de mi vida fue "¿Cómo pudiste hacer eso? ¿Estás loca?"

Cuando fui aceptada, ingresé en Endicott en el semestre de otoño y supe de inmediato que era la escuela para mí. Después de cursar materias desde inglés y puericultura hasta psicología y artes plásticas, terminé con un título de estudios superiores en publicidad y aparecí en la lista de honor. Fui elegida vicepresidente de la sociedad de alumnos y titular del comité de asuntos estudiantiles. También pertenecí al comité que daba la bienvenida a los estudiantes nuevos e hice amigas para toda la vida. ¡Qué bueno que no estaba hecha para cursar estudios superiores!

Como la publicidad es un campo muy amplio, decidí especializarme en diseño gráfico y seguir mis estudios en una escuela superior local. Después de sacar otro título, éste en artes plásticas, me dirigí a una de las universidades estatales. Estaba decidida a obtener mi grado de licenciatura y así fue, mientras tenía dos trabajos de medio tiempo.

Con una carrera académica bien sólida entre las manos empecé a considerar seriamente hacia dónde quería que me llevaran mis estudios. ¿Dónde quería trabajar? Concretamente ¿qué quería hacer con mi profesión? ¿Qué ambiente laboral quería? ¿Dónde quería vivir, levantarme todas las mañanas, ir a trabajar y volver a casa todas las noches? Mi respuesta era siempre la misma, el lugar que había querido visitar todos los años con mi familia: Disney World, en Orlando, Florida.

Después de pensarlo mucho, mi novio y yo decidimos casarnos la primavera siguiente y alejarnos de familia, amigos, hogares y empleos en Connecticut para ir a Florida. Mucha gente sacudió la cabeza, entrecerró los ojos y dijo: "¡No puedes irte a Florida así como así!" o "¿Por qué Florida?" Yo sonreía y contestaba que quería trabajar en el departamento de diseño de Disney. "Claro, querida, a todos nos gustaría. Pero tú sabes que uno no siempre consigue lo que quiere." ¿Por qué no? Me preguntaba a mí misma. Había crecido con películas, libros y canciones de Disney que me decían que persiguiera mis sueños, que soñara con las estrellas y que encontrara a mi príncipe azul. Había encontrado a mi príncipe, así que iba a perseguir el resto de mi sueño.

Llegamos a Florida y poco después empecé a trabajar en el Centro de Imaginación LEGO, en el centro de Disney. Todavía no era el departamento de diseño, pero sabía que todo lo que hiciera era un paso que me conducía hacia donde quería estar. Presenté mi currículum al departamento de diseño, seguí trabajando duro en el Centro LEGO y, pasados diez meses, recibí una invitación para una entrevista con el grupo de diseño de Disney. Tenía muchas esperanzas, pero no esperaba un milagro. Después de todo casi no tenía experiencia en diseño. Lo que sí tenía eran estudios –gracias, señor–, mi ánimo y una entrevista para el trabajo soñado. En una enorme sala de juntas, ante quince o veinte directores de arte, gerentes de proyecto y diseñadores, eché toda la carne al asador. Incluso yo misma me impresioné, y el solo hecho de estar en ese edificio y de tener la oportunidad de presentar mis calificaciones a ese grupo de prestigiadas personas reforzó mi confianza en mí misma.

No me dieron el empleo, no ese empleo y no todavía. Me dijeron que adquiriera más experiencia práctica y que volviera a intentar, que se quedarían con mi documentación. Les creí y fue justo lo que hice. Estuve trabajando en una revista. Cuando mejoré mi habilidad para el diseño, descubrí una nueva vocación: la escritura. Con la vista puesta en mi meta de diseñar para Disney, seguí trabajando y llegué a ayudante de director de arte en la revista.

Como año y medio después, en una misma semana, recibí cuatro emocionantes llamadas telefónicas: una de Nickelodeon, una de Harcourt-Brace Publishing, una del grupo de diseño de Disney y una del consultorio de mi médico, informándome que estaba embarazada de gemelas idénticas. Tuve entrevistas en todas las compañías. En esa ocasión en Disney sólo había diez personas y se mostraron asombradas de lo mucho que había crecido profesionalmente. Me ofrecieron empleo en los tres lugares y empecé a trabajar de manera independiente en cuestiones de arte con Disney el siguiente lunes por la mañana.

No fue nada extraño que mi jefe de la revista se disgustara porque le avisé de mi renuncia con tan poco tiempo. Quizás el golpe habría sido menos desagradable si mi jefe hubiera sabido cuánto tiempo había esperado a que llegara este momento y cuánto me había esforzado para que se hiciera realidad. De ninguna manera estaba dispuesta a demorar siquiera un día que se realizara el sueño de mi vida. Mi mayor placer fue cuando llamé a casa y dije: "Mamá y papá, adivinen ¡Lo logré! Ahora, cuando la gente les pregunte cómo me va, díganle que extraordinariamente bien. Que vivo en un clima caliente, que estoy casada con un hombre maravilloso, que trabajo en el empleo que soñé en el grupo de diseño de Disney y que estoy esperando dos hijas para febrero".

Ahora soy una mamá que está en casa con nuevos sueños. Quiero tener hijas sanas y felices, ser un gran modelo para mis niñas y, quizás, escribir una novela. Quiero vivir la vida a mi manera, amar y reír, acercarme a cada día con mente abierta. Me he dado cuenta de que sólo yo tengo la llave para mi felicidad y que lo mejor está por venir.

Un día, cuando las nenas me digan que quieren cantar el himno nacional en un partido de hockey de la Liga Nacional, pintar un cuadro para un museo, bailar en Broadway, patinar en hielo en las Olimpiadas o hacer algo que yo no he pensado para ellas, les diré que pueden hacer cualquier cosa que su corazón desee. No les quepa duda, estaré ahí, haciendo todo lo humanamente posible por apoyarlas para que consigan lo que quieran. Porque yo lo sé: los sueños sí se hacen realidad.

SHANNON PELLETIER-SWANSON

Rosas de T

Los dos hombres hablaban con una tranquilidad que contrastaba con la situación.

—¿Entonces, cuando dejaste de ser jefe de policía aquí ingresaste a las Naciones Unidas? —dijo Ed, sentado en una silla de la cama de hospital junto a su amigo ciego y gravemente enfermo.

—No, trabajé un tiempo en el gobierno federal, en la Oficina de Asuntos Exteriores, ayudando a otros países a mejorar sus cuerpos de policía.

—Supe que habías vivido en Grecia y en Brasil. Creo recordar que también estuviste en Libia, ¿o fue en Liberia?

—Los dos —rió suavemente T.

—¡Ah, el jet-set, París, Londres, Mónaco! —dijo Ed en tono de broma.

—¡Ojalá! Trabajábamos sobre todo en los países del Tercer Mundo asolados por golpes de estado y caos, donde los cuerpos de policía no habían podido proteger la vida de ciudadanos inocentes: Guam, El Salvador, Panamá, Colombia, Guyana Británica, Vietnam del Sur.

—¿Y Carla iba contigo a todos esos lugares?

—No sólo iba conmigo, sino que se ganaba a la gente. Los invitaba a casa. Hacía amistades. Todavía recibimos tarjetas de Navidad de todo el mundo —repuso T.

—¡Ah, ya entiendo!

—Ed, ella ha sido la mejor parte de mi vida. En cada paso que he dado, ella siempre ha estado ahí, también junto a mi cama en todos los infartos y derrames. Ahora que no veo, incluso corta mi carne en el plato. Dirige mi camino cuando me pierdo al ir del comedor a la sala. Y lo hace sin lamentarse ni actuar como si estuviera cansada de este viejo.

—Recuerdo que, después de tu último derrame, no entendíamos lo que estabas diciendo, pero Carla lo hacía con mucha facilidad.

—Entonces comprenderás...

—Claro que entiendo, hombre.

A las tres de la mañana, Carla finalmente regresó a casa, agotada por el hospital, se sentó en la orilla de la cama para quitarse los zapatos y se dejó caer de espaldas, demasiado cansada para desvestirse o meterse entre las sábanas.

Durmió hasta las diez de la mañana del día siguiente, despertándose por primera vez en un mundo sin T. Justo después de que finalmente había empezado a recuperarse del infarto más reciente, otro derrame masivo le había puesto la puntilla. Estas dos calamidades juntas eran las únicas que habían podido tumbar a ese hombre rudo y de voluntad férrea, pero gentil.

Carla tardó dos horas en salir de su cama, tan vacía ahora que no estaba él, sabiendo que jamás regresaría a su lado. Lloró bajo una cascada de agua caliente y, después del baño, se sintió lo bastante refrescada como para vestirse y ponerse en marcha. Llegó hasta la sala y abrió las persianas antes de sentarse en la penumbra.

Sin ganas, estiró la mano para tomar el sobre que T había dejado en la mesita de café entre las dos butacas. Le había pedido estrictamente que no lo abriera mientras él siguiera vivo. Ver su nombre escrito con la letra torpe y grande con la que él escribía cuando empezó a perder la vista le rompió el corazón. Sus dedos temblorosos sacaron la carta del sobre y le asombró la claridad de la caligrafía, ver que no era de T. Las letras le resultaban conocidas, pero no acertaba a saber quién la había escrito en su lugar. La torcida firma al final de la carta definitivamente era de su marido.

Suspirando, Carla empezó a leer algo que parecía una lista. Entonces se soltó a reír ahogada en llanto. T había tomado con calma lo que le estaba ocurriendo y se lo había dicho, como siempre, con sentido del humor.

La lista empezaba: "Si van a cremar mi cuerpo, por favor asegúrate primero de que estoy bien muerto".

El resto era una serie de recordatorios de documentos importantes y de cosas que él quería que ella atendiera. A continuación venía una descripción detallada de su funeral. Hacerse cargo de los planes era algo tan suyo, tratar de aliviar su pena. Solicitaba un funeral sencillo y digno, pero entrelazado con el humor sarcástico que siempre había exhibido en situaciones difíciles.

Las lágrimas volvieron a asomar y en ese preciso momento escuchó que alguien tocaba suavemente a la puerta del frente. Carla pensó que era demasiado pronto. No tenía ganas de ver a nadie. Su primer pensamiento fue fingir que no estaba en casa. Después, enjugándose las lágrimas, respiró hondo y se levantó para asomarse entre las tablillas de las persianas.

Afuera vio el auto amarillo canario de Ed estacionado en el arroyo y a su propietario caminando por la vereda de entrada.

—¿Ed? —le llamó desde la puerta.

—¿Estás bien? —le gritó tiempo que le decía adiós con la mano.

Ella asintió; él volvió a sacudir la mano, se subió a su automóvil y arrancó.

Una larga caja blanca de floristería estaba recargada contra el marco de la puerta. Tenía una cinta roja con filo dorado, como la que T le había enviado por su aniversario de bodas. Carla sintió que volvían a subir las lágrimas cuando metió la caja a la casa y cerró la puerta.

Desató la cinta con dificultad, pues no quería cortarla con tijeras. Por fin la pudo deslizar por un extremo de la caja y al levantar la tapa encontró doce rosas blancas de tallo largo. Atada a la cinta había una tarjetita con unas letras garrapateadas que casi no pudo descifrar, escritas de puño y letra de su marido. Decían: "Gracias. Te amo T."

MARY JANE NORDGREN

El sol naciente

Estaba profundamente dormida cuando sentí que me tocaba el brazo y me sacudía. Traté de ignorarle, pero persistió... como siempre. Me di la vuelta y le miré medio dormida.

—¿Qué quieres? —le dije malhumorada.

No podía ver su rostro en la oscuridad, mas presentía la emoción que tensaba todo su cuerpo.

—¿Quieres ver el amanecer? —susurró con voz gruesa. No tenía demasiadas ganas de hacerlo, y aun así me vestí dentro de mi saco de dormir—. De cualquier manera, ¿quién querría verte? —me molestó—. Yo no veo nada, pero, ¿quién miraría? No enseñas nada que valga la pena. Si hasta podría planchar una camisa en tu pecho.

Así siguió hasta que salí del saco de dormir como un gusano. Tomó mi mano entre la suya y me llevó por encima de otros sacos de dormir y hacia la entrada de la tienda de campaña. Pasar por encima de nuestras hermanas fue fácil. Pasar por encima de mamá fue como poner en peligro nuestras vidas. Era pequeña pero ruda, y si nos pescaba...

Cuando habíamos salido de la tienda de campaña, la inmensidad de la mañana nos abrumó y quedamos quietos y en silencio. De pie, él y yo, lado a lado, mirando el oscuro coloso morado, escuchando a los pájaros piar en la oscuridad, el bosque umbrío.

Después de unos minutos, se dirigió a mí y me susurró que nos fuéramos.

Mel corría agachado, al estilo indio, así que yo también tuve que correr así, apresurándome tras él por entre árboles que golpeaban y rasguñaban mi rostro, mi piel y mi ropa. A Mel, como era niño, no le preocupaban los arañazos ni las rasgaduras en la ropa. Mi género exigía una conciencia más aguda de los daños personales. Con el tiempo, aprendería a preocuparme por cosas como las calorías, el bronceado solar y el cabello despeinado. Sin embargo, ese amanecer en las montañas de Blue Ridge, mi único objetivo era seguir el paso de mi héroe más adorado, al que le importaba un bledo la condición de mi ropa o saber si mis brazos estaban sangrando. Si hubiera esbozado el sonido más ligero de una queja, me habría acusado de ser niña —¿había algo peor que eso?— y me habría enviado de regreso a la tienda de campaña.

Después, encontró una vereda y la recorrimos bajo la suave luz de la luna. Mel me advirtió que había osos, y cuando escuchó que tragaba saliva con dificultad me recordó que él tenía una parte de indio. No se me ocurrió sugerir que si él era medio indio, entonces yo también debería tener parte de india. Lo único que sabía era que su declaración de parentesco con los cherokees le hacía insensible a cosas como asesinos de hacha, fugados de manicomios blandiendo ganchos en lugar de manos, fortachones deseosos de lastimar a las niñitas y ahora también osos. Si me quedaba cerca de Mel nada me pasaría, y mi amor por él era tanto que me dolía el pecho.

Encontramos un conjunto de rocas salientes y, en la casi total oscuridad, nos trepamos a ellas y nos sentamos en la orilla. Ahí, con los pies colgando justo arriba del valle de Shenandoah, que dormía pacíficamente a cientos de metros justo abajo de nosotros, mi hermano y yo vimos cómo salía el sol por Blue Ridge.

La madrugada, pálida y delicada, parecía bastante tímida cuando era nueva y caminaba educadamente en nuestra dirección, como haciendo un saludo correcto. Era toda una dama veraniega, una tímida y recatada bella del sur, vestida finamente, de color rosa y un tenue violeta, con una cinta naranja alrededor de la cintura. Entonces, sin aviso, descartó sus frágiles rosas y violetas y se lanzó contra nosotros enteramente envuelta en atrevido azul, rojo y morado. Yo reí y Mel rió. Silbó con los dedos y yo aplaudí mientras los dos columpiábamos las piernas con energía hacia adelante y hacia atrás en esta peligrosa ladera rocosa del valle.

La madrugada se deshizo de sus colores y quedó desnuda ante nosotros, sólo con el sol... y ya no lucía tan bonita sin su guardarropa lujoso. Mel y yo perdimos interés en ella y nos dejamos caer cansados uno contra el otro. Él se inclinaba hacia delante y se despertaba de repente, yo suspiraba y me derrumbaba somnolienta hacia la punta de la roca, pero de repente me despertaba.

Nos acurrucamos juntos como dos gatitos y dormimos abrazados buscando calor. Mamá nos encontró mucho más de una hora después y supimos que estábamos metidos en un verdadero problema. Mel más que yo. No le sirvió de nada tener genes indios cuando mamá le gritaba cosas como: "¡Eres mayor que ella! ¡Jamás esperé que hicieras algo así! ¡Se supone que debes cuidarla!"

Si nunca te han dado una azotaína con una cuchara es inútil que trate de explicártelo. Pero te aseguro que el impacto de un trozo de madera pequeño y delgado sobre un trasero temblando es una experiencia que uno recuerda hasta la edad adulta.

Mamá se dirigió a mí. Había llegado más allá de su furia y quería escuchar lo que yo había aprendido de esta experiencia. No tardé nada en contestarle, pues había estado prestando gran atención y sabía muy bien lo que me acababa de demostrar.

—Soy como el amanecer, mamá —le dije—. Me da miedo al principio, pero si sé que me amas, te mostraré todos mis colores. Y si estoy segura de que me amas, ¡me quitaré toda mi ropa y bailaré!

Me miró muda de asombro, así que pensé que podía irme y corrí hacia el campamento antes de que ella recordara lo que pensaba hacer. Cuando pasé junto a mi hermano escuché que decía entre dientes:

—¿Bailar desnuda? ¡Qué estupidez! De cualquier manera, ¿quién te miraría?

Yo estaba muy feliz y no conseguiría que me enfadara. Mel podía ser medio indio cuando quisiera. Yo era mitad amanecer y eso era mucho, mucho mejor.

CAMILLE MOFFAT

La caja de Navidad

Todos los años, desde que tengo memoria y desde que partí de Dexter, Michigan, el pueblecillo del oeste medio donde crecí, la caja de Navidad ha llegado en las primeras semanas de diciembre. No sólo trae regalos para las fiestas, también trae regalos para el alma, esos recuerdos de mi infancia que me transportan de nuevo a una época cuando la vida era sencilla y amable.

La caja es pesada y viene envuelta en papel de estraza, firmemente reforzada con cinta adhesiva. La dirección ya no viene escrita con la caligrafía redonda de mamá, tan conocida para mí gracias a las muchas cartas que me escribió a lo largo de los años. Ahora mi padre rotula la etiqueta.

En el interior de la caja vienen regalos, envueltos a mano, para toda la familia: trapos para la cocina, una botella de loción Old Spice y cerezas cubiertas de chocolate. Contiene el conocido pastel de frutas, que nadie se come jamás, y regalos para los niños que, independientemente de su edad, parecen haberse quedado atrapados en el tiempo de los juguetes para niños de diez años. Mi padre se ha ido volviendo cada vez más ahorrativo con los años y, además de los juguetes, ha enviado a los muchachos diez dólares un año, cinco al siguiente, después uno y, por último, tres monedas pegadas con cinta adhesiva a una tarjeta.

Los regalos más entrañables de la caja de Navidad son los que vienen sin envolver: los regalos del corazón, que por ser iguales cada año, conmueven mi alma y me vuelven a llevar a casa. ¡El primero es una

153

bolsa llena de hojas de Michigan! Con mucho cuidado extiendo las coloridas hojas, delgadas como pergamino. Admiro el contorno de sus delicadas venas cuando las miro a contraluz. Las hojas me remontan a los otoños de Michigan, cuando era niña y recogía las hojas con un rastrillo formando enormes montones y saltaba en ellos como si fueran pajares al lado del camino. Recuerdo el olor, el tronido y la sensación de las hojas cubriéndome cuando yacía escondida en mi nido. Este delicioso sentimiento abrigador de seguridad en mi mundo de hojas se revive cuando inhalo su olor a humedad. Cuando me aburría de jugar con las hojas, papá les prendía fuego, y yo arrojaba castañas del viejo árbol que estaba en el patio de atrás, junto a mi casita del club, y esperaba a que estallaran. Mucho después de que me había ido a acostar, olía los restos de humo en el aire y escuchaba ocasionalmente la explosión de una castaña. Cuando recuerdo, casi puedo sentir el calor de la fogata en mi rostro, con las hojas secas crepitando y crujiendo entre las flamas.

Entonces viene la agridulce dulcamara, la brillante planta naranja encendido con moras que estallan y salen de su cubierta como palomitas de maíz. Mi padre la reúne cada año a lo largo de los polvorientos caminos del campo. Secas y atadas con gruesas bandas de goma me recuerdan a mamá, que guardaba atajos de dulcamaras en sus jarrones azul cobalto sobre la repisa de la chimenea, donde daban brillo a los largos días grises del invierno. En primavera las cambiaba por ramas de sauce, el primer aviso de la naturaleza de que el invierno está por terminar. Hasta el día que murió, nunca se olvidó de incluir un ramo de dulcamara en la caja de Navidad y papá sigue con la costumbre. Yo coloco el ramo seco en el jarrón azul de mamá, donde imprime un toque de color a la repisa de mi chimenea.

La caja de Navidad también contiene un frasco de jarabe de chocolate Sanders Hot Fudge, que es tan sabroso y celestial que le digo a mis hijos pequeños que es veneno y, después, lo como a ocultas en el baño, el único lugar íntimo de toda la casa. El Sanders Hot Fudge me recuerda los viajes de compras a Detroit con mis padres en los años cincuenta. Como vivíamos en un pueblito, ir a la ciudad era para nosotros toda una expedición. Mi padre no soportaba los rigores de las compras, así que después de una hora, más o menos, se iba al auto con su periódico, café y una dona, mientras mamá y yo recorríamos el centro comercial. Si era la temporada Navideña, le rogaba a mi padre que demorara el viaje hasta que hiciera frío y nevara, para que hubiera un Santa Claus en cada esquina. Me encantaban las multitudes, las grandes tiendas de departamentos, las vitrinas decoradas, los villancicos y el Ejército de Salvación tocando sus campanillas en las esquinas de las calles. Me gustaba especialmente la sensación de salir de las tiendas calientes al viento helado y los copos de nieve del exterior. Nuestros viajes incluían una visita a la Fuente de Sodas Sanders, donde esperábamos que hubiera lugar en la barra para poder sentarnos en los banquillos de piel negra y pedir helados con chocolate caliente encima, por veinticinco centavos, así como enormes vasos de agua helada. Los helados eran servidos en cuencos plateados forrados con papel y contenían helado de vainilla francesa pura bañado con jarabe de chocolate caliente. No llevaban nada de crema batida ni cereza para no ocultar el magnífico sabor. Cuando abro la caja de Navidad y siento la forma conocida del frasco de vidrio de jarabe de chocolate en su envoltorio navideño, puedo saborear el chocolate caliente incluso antes de abrir el frasco.

¡Y qué sería la caja sin manzanas de Michigan! Papá siempre encuentra envoltorios ingeniosos para enviarlas. A veces están envueltas en papel aluminio, otras, en bolsas de plástico y otras más, en papel periódico. Papá agrega pequeñas etiquetas a cada una indicando su especie y su uso: "Red Delicious, buena para comer"; "Roman Beuty, sólo para cocinar", "Macintosh, manzana suave", "Jonathan, dura mucho". Claro que éstas provocan que la caja pese una tonelada. Cada Navidad, cuando recibo aviso de que tengo un paquete en la oficina de correos, corro a recogerlo y, al sentir que la fragancia de las manzanas llena la oficina de correos cuando lo sacan, sé que es la caja de Navidad. Las manzanas que han madurado en los árboles de Michigan completan mi caja.

Este año papá me recuerda que está más viejo y sugiere que, el año entrante, tal vez no envíe la caja de Navidad, y que me enviará dinero para que compre algunos regalos. ¡Ay el dolor de mi corazón! "Este año no, papá, por favor, este año no", me digo a mí misma. El año que termina ha sido especialmente difícil, con mucho dolor y pérdida, quiero que las cosas sigan igual, que haya esta consistencia en mi vida, para aferrarme un poco más; quiero creer, por un instante, que algunas cosas jamás cambian.

Y, ¡oh alegría!, el 6 de diciembre llega una caja de cartón. Cuando el transportista me entrega el paquete, sé enseguida que es la caja de Navidad. La caligrafía conocida y la etiqueta de la Oficina de Correos de Dexter no me dicen nada que no sepa. Después de que arrastro la caja al interior de mi casa, abro la resistente cinta y levanto la tapa, la conocida fragancia de las manzanas llena el aire y las lágrimas ruedan por mis mejillas. Estoy envuelta con el calor del amor de mi familia. Mi padre ha encontrado la manera de llevarme otra vez a casa para Navidad.

GAIL BALDEN

El regalo de Julie

Hace varios años tenía un buen empleo y un buen sueldo. Trabajaba con gente estupenda y me gustaba estar con ella. Un día me di cuenta de que en realidad no me gustaba el trabajo, que sólo estaba conforme. Las vacas están conformes, pensé, las personas no deben estarlo.

Decidí que había llegado la hora de un cambio. Saqué mi currículum, lo actualicé y solicité un ascenso en otro departamento. La semana siguiente me fui de vacaciones a Irlanda y me olvidé del trabajo. Cuando volví, había un mensaje del departamento de Recursos Humanos en mi contestadora, decía que esa misma tarde tenía cita para una entrevista.

A la hora de comer me empapé de todo lo que decía una revista llena de consejos para entrevistas, todos ellos prometiendo que uno conseguiría el empleo perfecto. Leí acerca de los mensajes ocultos del lenguaje corporal, de cómo vestirse para el éxito y las mejores respuestas. En mi opinión, los consejos sonaban como algo que nadie haría en realidad en una auténtica entrevista para un empleo. ¿O estaba muy alejada de la realidad? Acudiría a mi cita con la esperanza de que todo saliera bien.

Me entrevistó un hombre de inmenso abdomen, que llevaba unos tirantes rojo vivo sobre una camisa azul. Realizó la entrevista sentado en una silla giratoria de cuero, mientras yo tuve que sentarme en una pequeña silla de madera, al pie de su escritorio de caoba. Jugueteaba con los dedos cada vez que hacía una pregunta y, después, escribía en una hoja de papel cuando yo había respondido. En la primera media hora, abarcó las preguntas esperadas acerca de mi historial laboral, mis estudios y mis metas. Asentía mucho con la cabeza, sonrió unas cuantas veces, y yo empecé a relajarme y a sentirme más segura.

Asomándose sobre sus bifocales, colocó sus manos bajo su barbilla y dijo: "Pues bien, ésta es la última pregunta: ¿Qué situación o logro de su vida la ha hecho sentirse más orgullosa?"

La imagen de Bert Parks sujetando un micrófono ante una concursante de Señorita América me vino inmediatamente a la mente. Ésta es la Grande, pensé. Dependiendo de la respuesta, conseguiría un asentimiento con la cabeza y desfilaría por el escenario con un gran ramo de rosas o una sonrisa fingida y actuaría como una perdedora elegante.

Hice una pequeña pausa y me pregunté si debería seguir las sugerencias de la revista o mis instintos y ser auténtica. Me olvidé de la revista. Si iba a trabajar con este señor quería que supiera el tipo de persona que realmente soy.

—De hecho, mi momento de mayor orgullo no se debió a algo que hiciera yo —dije—, sino a algo que hizo mi hija hace unos diez años.

Y le conté la anécdota del regalo de Julie.

"Hace muchos años, cuando mi marido trabajaba en el Ejército, fue trasladado al extranjero. Llevábamos cerca de un año viviendo en Alemania y mi hermano llamó de St. Louis para informarnos que papá había pasado a mejor vida. Como casi todos los hombres de su generación, papá administraba el dinero y mamá se ocupaba de la casa. Cuando papá murió, mi hermano se hizo cargo de las finanzas de mamá.

"Poco después de que mi marido, mis dos hijos y yo hubiéramos vuelto a Alemania después del funeral de papá, mi hermano volvió a llamar. Había revisado los papeles de mamá y encontró que no recibiría prestación alguna durante varios meses. Mientras tanto, tendría que vivir de sus escasos ahorros.

"Esa noche, a la hora de cenar, le dije a mi marido que iba a mandarle algo de dinero a mamá. Nuestra conversación fue interrumpida por una llamada telefónica. Una vecina quería que Julie cuidara a sus hijas.

"A los catorce años, Julie siempre buscaba la forma de ganar algo de dinero para sus gastos. Hacía poco que había empezado a comprarse algo de ropa y aparentemente había descubierto un nuevo grupo musical que le encantaba y, cada semana, tenía que comprar alguno de sus discos.

"La mañana siguiente me entregó un sobre. Vi la dirección y advertí que el destinatario era mi madre, le di un fuerte abrazo. Le dije que me sentía muy orgullosa de ella por haberse dado tiempo para escribir a su abuela. Encogió los hombros y se fue a la escuela, porque la muchachita no era proclive a las cursilerías.

"Una semana después mi hermano llamó. Me dio las gracias por el cheque y me contó que mamá había llorado cuando recibió la carta de Julie. Le comenté que yo también me conmoví.

"Entonces me dijo que no se refería a la carta, sino al contenido. Julie le envió a su abuela los cinco dólares que había ganado cuidando niños. En su carta le decía que los gastara en lo que quisiera."

Durante la entrevista, hice una pausa y levanté la mirada.

—Sé que no es un logro laboral en realidad, pero es la cosa que más me ha enorgullecido en la vida.

El entrevistador había bajado su pluma y dejado de escribir.

—Lo siento —dije—. Siempre que cuento esta anécdota me dejo llevar por la emoción. Lo que me enorgullecía no era sólo lo que Julie había hecho, sino que no se lo comentó a nadie. Si mi hermano no hubiera llamado, probablemente jamás nos habríamos enterado.

—Pienso que hemos cubierto todo —dijo el hombre levantándose y dándome la mano—. Sabrá cuál ha sido la decisión de Recursos Humanos dentro de una semana, más o menos.

Cuando volví a mi oficina me regañé por revelar algo tan personal a un extraño y pensé que jamás obtendría ese ascenso.

Recursos Humanos contestó una semana después, tal como me habían prometido. El empleo era mío, si todavía lo quería.

Hace pocos años, justo antes de que mi jefe se jubilara, salió el tema de mi entrevista y le pregunté por qué me había escogido. Me dijo que todas las candidatas tenían buenas calificaciones, pero que al oír qué era lo que más me enorgullecía, había decidido que era el tipo de empleado que quería que trabajara en su organización. En esta ocasión, yo fui quien recibió el regalo de Julie. De nueva cuenta, su sencillo gesto de amor, dado con el corazón hacía tantos años, había producido dividendos.

DONNA VOLKENANNT

Número equivocado

Tres meses después de volver a Scottsdale, Arizona, procedente de Escocia, los médicos diagnosticaron que Vera, mi suegra de setenta y cinco años, tenía cáncer. Dijeron que sólo le quedaban unos meses de vida. Charlie, mi marido, atontado ante la noticia, desesperado, buscó en internet pruebas médicas y remedios para extender la vida de su madre, el pilar de su existencia.

Vera inmediatamente fue sometida a un agresivo tratamiento. A pesar de su edad y de que su salud se deterioraba sus médicos decidieron que retirar su riñón canceroso era la única esperanza de vida. Con la cirugía los médicos encontraron que la metástasis también había afectado el hígado. Así, durante el periodo de recuperación, Vera recibió quimioterapia para destruir las células cancerosas del hígado. Extenuada por la enfermedad y los agresivos tratamientos, Vera durmió veintidós horas al día durante la mayor parte de los dos primeros meses.

Cuando estaba despierta, sin embargo, se sentía reconfortada gracias a una naciente amistad con una pareja que había conocido por casualidad sólo un año antes. Pensando que llamaba a su prima Shirley en Escocia, Vera había marcado mal y le habían contestado Margaret y Duncan. Hablaron largamente, pero las cosas no terminaron ahí. Siguieron otras "visitas telefónicas" y, entonces, Vera realizó un deseo de toda la vida y cruzó el charco para ir a Escocia. Mi marido, nuestra hija y yo fuimos con ella.

Durante nuestro viaje, Duncan Hamilton nos guió por Loch Lomond durante un crucero de una hora por el lago. Ese día, cenamos fish and chips en casa de Margaret y Duncan y nos cantaron viejas canciones escocesas. También nos llevaron en su coche hasta Ayr para que viéramos la playa y disfrutáramos del cielo azul y de un clima cálido que no era normal para la temporada.

El diagnóstico del cáncer de Vera ocurrió tres meses después. Durante los cinco meses siguientes, de octubre a julio, los Hamilton y Vera hablaban semanalmente por teléfono. Margaret, que había sobrevivido un cáncer y que era una enfermera en ejercicio y profesora, aconsejó a Vera de las distintas opciones de tratamiento y contestaba todas las preguntas y los temores de Vera. Ésta llegó a sentir que Margaret era su hermana.

Entonces recibimos la asombrosa y maravillosa noticia de que Margaret y Duncan habían decidido pasar sus vacaciones de verano en Arizona con Vera. Los dos tenían tres empleos para ahorrar para el viaje. De hecho, trabajaron siete días a la semana durante seis meses para ahorrar lo suficiente para sus boletos de avión, dinero para gastos personales y regalos para nosotros. Estábamos emocionadísimos de volver a ver a nuestros amigos escoceses y, en secreto, rezábamos y esperábamos que Vera consiguiera vivir bastante para verlos.

Margaret y Duncan llegaron el 1 de julio y partieron el 31 de ese mismo mes. Nos inundaron de regalos escoceses. Habían comprado un kilt para Raina, nuestra hija de tres años, unos pantalones a cuadros para Rory, nuestro bebé, una muñeca tejida a mano y un hombre tocando la gaita para Vera, un juego de manteles individuales y servilletas escocesas para mí y muchísimo más. Duncan había conducido 160 kilómetros desde su casa en Escocia hasta el lugar donde compró estos encantadores regalos, como muestra de su agradecimiento por alojarse en el condominio de Vera, que tenía dos habitaciones.

Sin embargo, no fue la vacación típica de un mes. Margaret y Duncan, verdaderos extraños al tenor de toda definición del término, pasaron horas con Vera en consultorios médicos, en salas de espera de hospitales y en farmacias. Compraban los víveres y preparaban comidas agradables y nutritivas para Vera. Margaret, siempre enfermera y ahora amiga, se aseguraba de que Vera tomara debidamente sus medicamentos e incluso corrigió a las enfermeras del centro médico respecto a cómo cubrir la línea "pic" de Vera para su quimioterapia. Los Hamilton ayudaban a Vera con sus necesidades más íntimas. Estas personas asombrosamente generosas habían pasado todo el mes de vacaciones con nuestra familia, cuidando a Vera y dándonos esperanza a todos.

Para casi todas las personas, un número equivocado resulta un encuentro breve, a veces incluso terso, que termina rápido y es olvidado de inmediato. Por alguna razón, dos extraños que vivían del otro lado del mundo decidieron quedarse en la línea y, de hecho, conversar. Así se creó un vínculo. Se conectaron los corazones. Se entrelazaron vidas. ¿Fue simplemente un número equivocado? Pienso que no, quiero creer que el destino trajo a esas maravillosas personas del número equivocado a las vidas de una mujer especial y su familia en un momento que lo necesitaban.

ROBIN DAVINA LEWIS MEYERSON

¡Disfrútalo!

El pastel de fresa y chocolate que estaba ante mí chorreaba decadencia, por no hablar de calorías.

—El pastel se ve tan sabroso, tan pecaminoso —me lamenté.

—No, Nancy, el pecado sería no disfrutarlo —contestó rápidamente la Sra. M, mi vieja amiga y una persona que me ama.

Me reí. La señora M nunca perdía la ocasión de compartir su filosofía de vida: ¡Disfrútalo!

Era como de la edad de mi madre y amiga de mi abuela. Se conocieron en una sombrerería de damas que la señora M manejaba y donde mi abuela trabajaba de vendedora. Imagínense, una mujer gerente en los años cuarenta, cuando era algo verdaderamente insólito. Una razón de su sobresaliente éxito era simplemente que sabía portar bien los sombreros. Podía enseñar la mercancía con estilo y gracia. Pero también conocía la mercancía y, sobre todo, conocía a sus clientes. Eso, sumado a su indomable ánimo, le dieron una ventaja.

Mi primer vistazo de ella fue en el escaparate de la tienda, donde estaba arreglando ingeniosamente las creaciones de primavera, anticipándose a la Pascua y los festejos del Cordero Pascual. Provocó mi admiración a primera vista. Mi abuela me había vestido muy elegante, con un nuevo conjunto, y me había llevado a la tienda para presumirme ante las muchachas. Yo sólo tenía ojos para la señora M con su aire de realeza. Era alta, luminosa, llena de brío y tenía clase. Los sombreros que habrían lucido ridículas en otras, a ella le daban estilo. Yo pensaba que la señora M era toda una reina.

Recuerdo que la observaba caminar. Su paso, rápido y confiado, hacía que sus cortos rizos cafés botaran. Se movía como si supiera hacia dónde iba y qué estaba haciendo. Uno jamás adivinaría que había nacido coja. Con fuerza y decisión superó esta desventaja.

La enfermedad impidió que tuviera hijos, así que adoptaba a todo el mundo. Tuve mi primer esbozo de la profundidad de su amor y compasión por la familia extendida que había adoptado, cuando una amiga me dijo que la señora M estaba pagando la colegiatura de la escuela de muchachas donde estudiaba.

–¿Por qué? –pregunte–. Ni siquiera eres su pariente.

–Me quiere mucho.

La señora M quería mucho a todas las jóvenes que trabajaban en la tienda, "sus muchachas" como las llamaba, y con el tiempo –y varias veces– eso me incluyó.

Me dio mi primer empleo cuando tenía trece años, envolviendo regalos en época de Navidad. Cuando crecí, me probó en ventas, descubrió que no estaba cortada para eso, pero no se dio por vencida. Me enseñó a llevar los libros y, a los dieciséis años, yo era la tenedora de libros/cajera más joven que jamás hubiera empleado la sombrerería. También me enseñó una ética de trabajo que me ha servido de base toda mi vida laboral. Llega puntual. Sé honrada. Siempre haz el intento. Haz lo mejor que puedas. Preocúpate por tus compañeros de trabajo y tus clientes. No es que me soltara la letanía de frases hechas. Me lo enseñó con actos.

Antes de abrir la tienda, cuando llegaban las muchachas, escuchaba con interés su relato de lo que habían hecho la noche anterior y las cosas que ocurrían en sus vidas, normalmente mientras tomaban una taza de café. Las quería como si fueran su familia y le interesaba su bienestar personal.

Trataba a las clientas con ese mismo cariño e interés. Había muchas que llevaban años acudiendo regularmente a la tienda. Llegaban a pagar la mercancía que habían apartado, pero era más un pretexto para visitarla que para pagar. Invariablemente había alguna que preguntaba si podía saltarse un pago. La señora M siempre decía que sí. Cuando la cliente efectuaba su último pago, la señora M sacaba el sombrero con mucha prosopopeya, lo colocaba ágilmente en la cabeza de la nueva propietaria, deteniéndose en encontrar el ángulo correcto de su colocación y arreglando el cabello que salía por abajo. Esta atención especial aseguraba, prácticamente, que la clienta volviera, pero no era la única razón que movía a la señora M, ni siquiera la más importante. Sentía gran placer cuando veía que la clienta salía de la tienda con un rostro lleno de satisfacción y seguridad. Sabía que era muy importante sentirse bien con una misma y se sentía verdaderamente complacida cuando la satisfacción iluminaba el rostro de sus clientas.

Cuando empecé a trabajar con ella en mis años adolescentes, se hizo mi confidente, fue la fuente de muchos buenos consejos y siempre estaba dispuesta a escucharme con atención. Bromeaba conmigo acerca de mi novio y ella misma hizo mi velo de novia, cosiendo cientos de perlas en la tiara. Después de mi matrimonio, las cosas no cambiaron en absoluto. Tuve a mis tres hijos y volví a trabajar con ella. Cuando discutía con mi marido me decía: "La vida es demasiado corta para pasarla discutiendo. Disfruta a tu marido. Ríe con él".

Ella practicaba lo que predicaba. Viajaba mucho con su marido Frank, disfrutando del brillo y el glamour de Las Vegas, de las carreras de caballos y el Mardi Gras de Nueva Orleans, de las cenas de langosta y los paseos en la playa de Maine. Después, cuando Frank se quedó ciego, se quedaba en casa con él.

Le resultó muy difícil dejar la tienda, separarse de sus muchachas. Algunas de ellas eran todo un personaje, como ocurre en cualquier familia, pero las quería a todas, con todo y mañas. Para muchas había sido su jefa y madre y, de hecho, ella no encontraba gran diferencia entre los dos papeles. Los dos requerían de gran paciencia y disciplina. Tomar la decisión de retirarse fue muy dura para la señora M, pero cuando la tomó, jamás echó la vista atrás. En ese tiempo también decidió cuidar a su vieja madre enferma.

Ella quería muchísimo a estos dos seres. Frank, el dulce Frank, era el amor de su vida. Ella era una muchacha de pueblo chico que llegó a la gran ciudad. Él descubrió una chispa en ella y contribuyó a que se convirtiera en una enorme flama. La adoraba y siempre la apoyó.

Cuando se confirmó que no podían tener hijos, ella quedó devastada, pero él la miró fijamente a los ojos y le dijo: "Te quiero a ti, con o sin hijos". Los cuarenta y tres años que duraron casados ella estuvo enamoradísima de él.

Cuando Frank murió, Dios le puso en el camino un hijo para que lo cuidara, un bebé que era hijo de la hija de una madre que formaba parte de su familia adoptada y que necesitaba que alguien le cuidara. Ahí inició un caso de amor recíproco que dura hasta la fecha. Han pasado los años, y la señora M se ha mantenido al pendiente de sus logros y ha rezado porque triunfe en sus luchas. Una vez ella me envió un ensayo que el muchacho había escrito explicando cuánto la quería. Estaba un poco manchado por lágrimas y venía con estrictas instrucciones de que se lo regresara. Ella ruega al Señor en el Cielo que le permita vivir tiempo bastante para verle concluir sus estudios universitarios.

Cuando me mudé, la señora M y yo empezamos a cartearnos. He guardado todas sus cartas y las atesoro porque contienen sus sabios consejos. Para conservar un matrimonio sólido sugiere:

Ámale con todo el corazón.

Conquista a tu hombre, es muy divertido.

Llénale de abrazos y besos.

Quiérele mucho y díselo.

Y ahora que soy más vieja, te diría...

Cómprale un poco de Viagra.

Casi todas sus cartas me hacen recordar que debo gozar de la vida, ser feliz, divertirme, comer bien, ir a muchos lugares, porque ésta es la única vida que tenemos.

Dada su edad avanzada, su cuerpo se ha venido abajo. Acepta que hay algunos días en los que piensa que nadie la quiere, que todo el mundo la odia, por lo que tendrá que conformarse con comer gusanos; pero que serán delgados, porque son más fáciles de tragar.

Los sabios consejos y las maravillosas cartas no son lo único que he recibido de la señora M. Como ella sabe que me encanta leer, me envió una caja llena de libros. Cuando le comenté que había decorado la cocina con fresas, un día recibí un óleo de fresas. Cuando mi marido estuvo sin empleo durante bastante tiempo y yo me lamentaba de que ni siquiera podríamos festejar nuestro aniversario a causa de las muchas deudas pendientes, recibí un cheque con estrictas instrucciones: "Gástalo en ir al cine y una cena, PERO NO EN PAGAR CUENTAS. ¡Disfrútalo!"

Su cuerpo tal vez falle, pero no su mente. Es fanática de JAG, el programa de televisión, y dice que el comandante Harmon "Harm" Rabb "habla" con los ojos. Le gusta cómo camina. Nash Bridges y Walker no le llegan ni a los talones.

En cierta ocasión se cayó, se rompió dos costillas y no podía respirar. Arrastrándose llegó al teléfono y llamó al 911. Cuando alguien le preguntó de dónde había sacado fuerza para hacerlo, respondía: "Sabes bien que no puedo estar quieta". ¡Qué gran verdad!

Ahora la señora M tiene más de noventa años. Sigue siendo mi mentora, sigue apoyándome con sus cartas y sigue diciéndome que disfrute la vida. Me hace reír con sus graciosos refranes y sus descripciones de la vejez. "Envíame un poco de polvo facial, no quiero oler a vieja".

La señora M y su filosofía de recibir cada día como si fuera un nuevo inicio, me recuerdan al amanecer. Su actitud tiene algo de fresco, una disposición a correr riesgos y a abrazar la vida con todas sus colinas y valles, es decir, como la luz clara del sol naciente. Yo arranco todas mis mañanas con un pequeño ritual; cuando nace el sol y lanza sus primeros rayos susurro: "señora M, disfrutaré este día".

NANCY BAKER

En el corazón de mamá

A últimas fechas, todas las mañanas pienso en mamá cuando escucho que mi hija sale de casa. A Rachael le gusta tener su espacio, así que trato de no entorpecer su camino mientras se arregla para ir a la escuela. Escucho el ritmo de sus pasos subiendo y bajando por la escalera, el agua de la ducha que corre, la música en su habitación, los cajones que cierran y, después, la puerta.

Sobre todo, escucho que se va. Oigo cómo abre y cierra la ruidosa puerta del garaje y el sonido del auto marchando en reversa cuando lo saca. Oigo que parte y rezo por su seguridad. Una hora y pico después, veo que ha transcurrido bastante tiempo y que nadie me ha llamado; entonces sé que está bien.

En esos momentos pienso en mi madre. Entiendo parte de lo que debe haber pasado en aquellos días, cuando yo ni siquiera imaginaba que era como ahora sé que es.

Mi hermano Kevin tenía diecisiete años, los mismos que Rachael tiene ahora, cuando una mañana salió para la escuela y jamás regresó. Estaba cursando el último año de bachillerato, pensaba ir a la universidad y empezar su propia vida. Ahora, mi hija tiene diecisiete años y tiene todo un mundo por delante. Hoy, más que nunca, comprendo a mi madre.

Ya me he sentido así antes, cuando cada uno de mis hijos llegó a esta misma fase de su vida. Cuando mi hija Sara tenía diecisiete años era, como Kevin, una gran atleta. Jugaba futbol y se había lesionado una mano en un partido. No podía jugar, no podía escribir, no podía conducir. Yo estaba muy consciente de las similitudes de nuestras vidas y recordaba ese otro momento, ocurrido treinta años antes.

Kevin se había roto una rodilla a mitad de un partido de baloncesto y, como era un verdadero atleta, había terminado el partido. La escayola de pierna completa que vino después significó que no podía conducir su auto para ir a la escuela, por lo que iba con un amigo.

Esa mañana de febrero llovía a cántaros. Yo escuchaba desde mi habitación, donde trataba de no entrometerme en el camino de nadie, y escuchaba el ir y venir de una casa activa. Escuché la voz de mamá que no estaba de acuerdo con la chaqueta que había escogido Kevin. Oí cuando salió. Media hora después escuché en la radio que había ocurrido un accidente de tráfico en Friar's Road. Kevin no volvió a casa jamás. Y nuestras vidas cambiaron para siempre.

Cuando mis hijos fueron creciendo y elegían su ropa, rara vez discutía respecto a lo que se querían poner. Claro que no siempre me parecía bien, pero pensaba que la batalla no valía la pena. Tal vez tenía cierta relación con aquella mañana y la chaqueta. Tampoco he impedido que se vayan, aun cuando sé que en el fondo de mi ser pienso que tal vez no regresen. Sin embargo, rezo todas las mañanas, todos los días y, a veces, me parece que hasta toda la noche, por su seguridad allá afuera en el mundo.

Mamá ya no está entre nosotros, pero está conmigo de formas que jamás habría imaginado. Ahora me siento más conectada con ella que nunca. Tenía cincuenta y seis años cuando perdió al más pequeño de sus hijos, el único varón. Ahora yo tengo cincuenta años y la más pequeña de mis hijas tiene la misma edad que mi hermano tenía entonces. Sin el montón de molestias diarias, como pelearse por una chaqueta, veo a mi madre de otra manera. Sé que debe haber sentido lo que yo siento. Aun cuando ya no puedo escuchar su voz, sí puedo escuchar su corazón.

THERESE MADDEN ROSE

Una mano amiga

Cuando mamá adoptó a Cory yo tenía catorce años y estaba acostumbrada a que mamá metiera extraños a la familia. Las adopciones de mamá no eran nada formales y las personas no se mudaban a vivir a nuestra casa ni renunciaban a sus anteriores vínculos familiares. De todos los adoptados por mamá, Cory era una de las más necesitadas y fue la que más tiempo duró en nuestra familia. Yo la veía con molestia y algo de resentimiento. Sin embargo, cuando las cosas fueron realmente importantes, ahí estuvimos la una para la otra.

Cory estudiaba en la misma escuela de California donde trabajaba mamá. Éramos tan diferentes como la sal y la pimienta. Yo tenía dos años más y había pegado el estirón para quedarme en el 1.50. Cory era altísima, medía más de 1.70 y tenía estructura de camionero, más bien como camión Mack. A mí me gustaba tocar el piano y leer, coser y cocinar. A Cory le encantaban todas las actividades físicas y la mecánica.

El padre de Cory no estaba nada contento de que lo más próximo al hijo que tanto había anhelado fuera su hija mayor. Su madre le tenía miedo a su marido y se dedicaba todo el día a cuidar su casa y a sus hijas menores, y más femeninas. Mamá, poco más alta que yo, pero con una enorme personalidad y un corazón del tamaño del mundo, brindó a Cory el amor y el apoyo que no tenía en su casa. Cory venía a nuestra casa con frecuencia y pasaba horas hablando por teléfono con mamá.

—Ella me necesita —era la respuesta de mamá cuando mi hermana y yo nos quejábamos de que Cory ocupaba tiempo que nosotras pensábamos que nos correspondía.

Cory se volvió *hippie* y vivió en una comuna tras otra. Con el tiempo, sentó cabeza a unas tres horas de distancia de su madre, para entonces ya viuda. Después, mi familia se mudó a Idaho. La última vez que la vi, había llegado hasta allá de aventón para visitar a mi madre. Seguíamos sin tener nada en común o algo interesante que decirnos. Para entonces, los celos habían desaparecido hacía mucho y pasamos una noche muy grata recordando el pasado.

Los años que siguieron, mamá me ponía al tanto de la vida de Cory. A finales de los años ochenta, me enteré, horrorizada, de que Cory había sufrido un accidente industrial. Trabajaba en una gasolinera, limpiando auto partes, pero el dueño no le había dado guantes de goma lo bastante grandes para cubrir sus enormes manos. Con éstas desnudas, metió las partes sucias en un recipiente que contenía un producto químico transparente. Supo inmediatamente que había cometido un grave error, pero era demasiado tarde. El producto era tóxico y, en cuestión de años, había destruido la mayor parte de su hígado.

Mamá fue a California y pasó algunos días junto a ella en el hospital. El hígado de Cory pareció recuperarse milagrosamente pero tenía el ánimo por los suelos. Habían pasado treinta años desde aquella lejana adolescencia y Cory era como parte de la familia para mí. Yo vivía en la costa oriental y, hacía poco, había perdido todo en un desastre natural. Quería hacer algo por Cory, pero yo también estaba deprimida y en quiebra, y no encontraba lo forma de ayudar. Una noche escuché a un cómico contar chistes muy bien y con mucha gracia, entonces supe qué hacer: le enviaría un par de cintas de este cómico para alegrarla.

Cory me llamó poco después de recibir las cintas para decirme que le habían encantado. Charlamos muy a gusto, pero, dado nuestro largo historial, preferimos no prometer que estaríamos en contacto.

La demanda que presenté después del desastre finalmente llegó a los tribunales y la perdí. Nunca había esperado que me pagarían por todos los daños que reclamaba, pero mi abogado me había asegurado que mi caso era muy sólido y que, seguramente, me entregarían una cantidad que me permitiría reconstruir mi vida. No recibí nada. Estaba derrotada y en quiebra. Además de la pérdida económica, sentía que el sistema judicial no me había hecho justicia y mi fe en las leyes y la humanidad estaba hecha añicos.

Entonces me llamó Cory. La sola idea de que hubiera pensado en mí y de que hubiera hecho el esfuerzo de levantar el teléfono y llamar me dejó perpleja. Pero lo que más me conmovió fue el amor que escuche en su voz. Por primera vez sacó lo más profundo y sensible de su corazón. Me contó de las lecciones espirituales que había obtenido de su propio sufrimiento y me dijo que, cuando se sentía decaída, escuchaba las cintas que yo le había enviado.

—La sola idea de que tú me quieres lo bastante como para haber pensado en mí cuando tenías problemas propios tan grandes, me hace sentir mejor —me confió—. Cuando crecimos, jamás fuimos amigas —dijo cuando nuestra conversación estaba a punto de terminar—, pero jamás me hiciste sentir que no era querida, a pesar de que sabía que les estaba robando mucho tiempo de su mamá. Eso significaba mucho para mí y lo sigue haciendo. Cuando estás tan cerca de morir como yo he estado, te das cuenta de que lo único que importa es el amor —prosiguió— y, Hanna, tú estás en mi lista de personas queridas.

Cory murió diez días después por una complicación hepática. En nuestra última conversación, cuando ella se abrió y me sacó de la profundidad de la desesperación, se ganó un lugar especial en mi corazón. Era un lugar reservado para la familia y protegido con la seda tejida durante muchos años de cariño, que ninguna de las dos había visto sino hasta el final.

HANNA BANDES GESHELIN

Una inversión firme

—Preferiría usar el dinero para comprar una casa.

Nunca hubo otras ocho palabras que desataran una discusión tan acalorada entre mi novio y yo. Tal vez éramos dos adultos que sentados en la mesa de la cocina hablando de nuestra boda, pero sus palabras me llevaron a un punto al que no había llegado hacía mucho tiempo. Provocó que regresara a los tiempos de la escuela primaria, la secundaria y la universidad, a esos momentos cuando los sueños de una muchacha joven e idealista le ayudan a huir de la lata de volverse adulta.

En mi opinión, casarse y la fiesta de la boda siempre han tenido un mismo significado. No estaba dispuesta a discutir un sueño que había acariciado desde que aprendí a lavarme los dientes. Además, se notaba.

—Si me voy a la tumba sin una boda es como si fuera a la tumba soltera.

Caramba. Ni siquiera yo sabía que tenía sentimientos tan fuertes al respecto. Sin lugar a dudas había madurado lo bastante para distinguir entre los sueños infantiles y las necesidades básicas. ¿Realmente dejaría ir al hombre que amaba basándome en cómo gastaríamos el dinero algún día? Ahí es cuando empecé a traducir mi fantasía infantil en el significado que tenía para mí, la persona adulta.

Me di cuenta de que el día que unamos nuestros caminos para siempre no será sólo cuestión de cómo pasemos esas cinco o seis horas. No es cuestión de cómo nos vestiremos, qué comeremos, dónde será la ceremonia o con qué canción abriremos el baile. Además, el dinero que gastemos no será la medida del valor que tiene ese día.

Toda novia que pase de los treinta seguramente ha aprendido que existe una diferencia entre lo que pensaba que sería la vida y cómo es en realidad. Extrañamente, ahora pienso que una boda es cuestión de realidades adultas, más que de sueños infantiles.

Después de vivir con David durante año y medio, sé que el hombre perfecto no existe. Se vuelve quisquilloso. Hay un mundo de diferencia entre su idea de una casa limpia y la mía. Gruñe por la mañana. Pero nada puede cambiar lo que siento cuando me llama al trabajo y hablamos de qué vamos a cenar. Pienso disfrutar de ese gusto por siempre. Tal vez no siempre sea emocionante, pero es real.

Y, con la realidad, vienen las peleas, a veces un descontón, una llave, una pelea de te miro con ojos semiabiertos y te hago pucheros. Mis dos hermanas y una de mis amigas ya están divorciadas. Sus bodas fueron románticas y llenas de ilusiones, pero sus experiencias me han enseñado que en un matrimonio pueden ocurrir cosas que despertarían a cualquier soñador. No necesito escuchar ni una estadística más del divorcio para estar convencida de lo difícil que puede ser el matrimonio.

Lo que sí necesito es una iglesia llena de personas que presencien nuestra alegría al prestar nuestro juramento. Sin lugar a dudas, esas personas especiales han estado ahí para presenciar todos los demás días de nuestra existencia: cuando me pusieron frenos, el día que David se fue, mochila al hombro, a Europa, cuando conseguí mi primer empleo profesional después de la universidad. Estas personas nos han amado, enseñado, apoyado y divertido. Han dado forma a cada uno de nuestros recuerdos y nos ayudaron a ser las personas que éramos cuando nos encontramos él y yo.

Así que cuando jure que estaré ahí en la salud y la enfermedad, para bien o para mal, quiero que estas personas lo escuchen conmigo. Tal vez llegue el día cuando necesite un ligero recordatorio.

Quiero que nuestra boda sea una celebración que ponga fin a todas nuestras celebraciones. Quiero bailar con papá y con mi padrastro. Quiero que mamá camine conmigo por el pasillo, igual que ha caminado conmigo en todos los demás pasos de mi vida. Quiero que David y yo vivamos ese día mágico, con corazones llenos de emoción y alegría, para recordarlo. Quiero fotos para enseñarlas a nuestros hijos, para que vean el amor de sus padres y para que les ayuden a tener sus propios sueños.

David finalmente ha cedido. Algún día compraremos la casa. Por ahora, prefiero invertir en un fundamento, en el cemento que podría ser más firme que nosotros.

JULIE CLARK ROBINSON

Hace seis veranos

Hace seis veranos, mi madre, mis hermanas y yo vivíamos de pepinillos dulces y manzanas Granny Smith. Mamá nos cantaba canciones de la importancia que tenían las manzanas y decía que eran alimento para nuestro cerebro. Entonces, para mí, el verano era tiempo de jugar, de tres gloriosos meses haciendo ruedas de carro en el jardín, mordisqueando dulces pepinillos y alimentando mi cerebro con Granny Smiths, sin darme cuenta de los cambios que sufrían mi cuerpo y mi ser. Transportada livianamente por los días sin preocupaciones del verano de mis doce años, ni una sola vez me detuve a mirar hacia atrás ni hacia adelante. Corriendo hacia las fuerzas irreductibles de la adolescencia y chocando contra ellas a velocidad inmutable, me ocultaba en mi ingenua felicidad. Ahora, cuando echo la vista atrás, me gustaría volver, aunque sólo por unos instantes, al verano de hace seis años cuando corría libremente.

Debido al tremendo siempre andábamos en traje de baño. Aun cuando las noticias —según mamá— recomendaban no exponerse al sol, porque sus terribles rayos UV nos quemarían y arrugarían como tocino, siempre salíamos a asolearnos. Mamá había llevado montones de bloqueador solar y trataba de embarrármelo en la espalda, como lo había hecho durante once veranos, y yo la había dejado. Normalmente me las arreglaba para eludir su ataque de bloqueador explicando y enseñándole que ya me había aplicado mucho yo sola y que no quería más, gracias. Después corría al baño y me quitaba la crema de mi piel cenicienta y me cubría, de pies a cabeza, con aceite infantil, mucho más grasoso. Estaba decidida a broncearme bien para el primer día de clases del séptimo grado, incluso si significaba que la piel se me llenaría de ampollas y de cicatrices rosadas. Hace seis veranos me sentía inmune a los mortíferos rayos UV y no veía la necesidad de usar bloqueador 30, 25, 15 o el número que fuera.

Ese verano, mamá remató con nuestra venta anual de garaje que duraba una semana. Mis hermanas y yo nos turnábamos en la caja, en el puesto de cajeras, siempre colocadas tras la caja de zapatos Nike que servía como resguardo del dinero. Me enorgullecía mi capacidad para manejar billetes de diez y veinte, contando en voz alta y sonriendo, sabihonda, cuando entregaba el cambio y repetía, religiosamente: "Muchas gracias. Que tenga buen día", mientras nuestros clientes miraban sonrientes y mis hermanas lo tomaban todo con envidia. Mis hermanas, más pequeñas que yo, me consideraban su mentora en cuestiones de ventas de garaje; el próximo verano tal vez, y sólo tal vez, también ellas podrían manejar dinero como un *croupier* de *black jack*.

Pero la abeja reina de nuestra venta de garaje era mamá. Entraba y salía zumbando de casa a cada rato, sacando montones de zapatos viejos, perchas de las que colgaban vestidos usados y muebles destartalados del sótano. Sus brazos tensos abrazaban las sillas, mesas, estéreos, libros e infinidad de pertenencias olvidadas. Yo me dirigía petulante a mis hermanas diciéndoles con sabiduría: "Ayuden a mamá antes de que se rompa el lomo". Ellas agachaban obedientemente la cabeza y salían trotando a ayudarla, mientras yo daba el cambio de un billete de cincuenta dólares.

El último domingo de nuestra venta de hace seis veranos, mamá corría como loca. Se había deshecho de casi todo objeto imaginable que no estuviera usado, y también de otros que antes había pasado por alto y que encontró en nuestros armarios, cajones, alacenas, sótano y varios recovecos más que había en la casa. Entonces ocurrió. Todavía puedo ver con entera claridad la imagen de mi Barbie preferida —esa con la que no había jugado en años y con la que probablemente nunca más me molestaría en volver a jugar, esa que había dado por supuesto que siempre estaría ahí— y a mamá entregándosela a una niña que mascaba chicle y que seguramente se limitaría a arrojar mi muñeca a un creciente montón de Barbies procedentes de ventas de garaje. Pedí permiso para retirarme del mostrador de la caja, adaptado sobre la base de un televisor, anunciando con pocas palabras que si mi madre vendía mis adoradas Barbies, entonces yo no sería la persona que cobrara a la salida.

Mis hermanas y yo, en ese mismísimo instante, decidimos que era el momento para poner fin a la venta de garaje. Explicamos a mamá que era domingo, que ya habíamos ganado bastante y que, en realidad, no quedaba mucho por vender. Entonces se echó un clavado en lo más hondo. Boquiabiertas, vimos a mamá recorrer la casa, escuchamos sus pasos pisando fuerte por la cocina, subiendo la escalera, cruzando la alfombra y entrando en su habitación. Oíamos cómo recorría sus armarios como relámpago y con tanta fuerza que mis hermanas y yo pensábamos que iba a abrir hoyos en el techo, que atravesaría el suelo y caería sobre nosotras. Cinco minutos de golpes y pisotadas después, bajó apresuradamente por las escaleras, a punto de no ver un escalón, aferrando contra su percho el recuerdo más atesorado de su infancia, su pieza dorada de la cultura americana, su hunka hunka amorcito, su adorado Elvis de terciopelo. Nosotras nos abrazamos ante la increíble escena que pasaba ante nuestros ojos, ahí, de pie y en silencio, ante nuestra madre enloquecida por la venta de garaje.

—Tenemos demasiadas cosas en esta casa. Ha llegado la hora de dar un paso, de hacer espacio para cosas más grandes y mejores —dijo, mientas nos llevaba en vilo hacia el garaje—. Si pudiera vender tu Barbie, podría... —Hizo una pausa, me miró y me lanzó la sonrisa materna más grande, cálida y entiendo-cómo-te sientes—. Quiero decir que... sólo es una vieja foto. En realidad no vale nada. No pasa nada. Una última venta, eso es todo niñas.

Nosotras asentimos como robots. No entorpeceríamos su camino. No, no, de ninguna manera.

—¿Por qué me miran así todas, como si estuviera loca? Hay que seguir avanzando hacia cosas más grandes y mejores. Recuerden eso niñas.

—Sí mamá, pero Elvis es el rey del rock and roll. Elvis es tu héroe.

Hace seis veranos, mi padre deleitó a la familia con una piscina montada sobre el suelo que le compró a un tipo del otro lado de la ciudad. Papá sentó los cimientos, vertió la grava, compró una cubierta solar e invirtió en una cantidad colosal de cloro. Lo ahogamos con abrazos y gracias por esta piscina en el patio trasero para "las nenas", término que, evidentemente, incluía a mamá.

Mientras papá trabajaba como negro de lunes a viernes, mis hermanas y yo nos bañábamos en el agua sagrada de nuestra piscina. Mamá nos preparaba su té helado especial, el único que vale la pena beber, con su ingrediente secreto oculto en el fondo de su libro sagrado de recetas, forrado de tela de algodón. La cubierta de la piscina se convertiría en nuestra bahía para dormir, rincón para leer y escenario reservado para los privilegiados talentos que se atrevían a berrear canciones de BoyzII Men ante el público que nos adoraba: mamá, que premiaba nuestras desafinadas presentaciones con una ronda de desbordados aplausos, ovacionándonos de pie.

A mediados de agosto, los meteorólogos dieron luz verde para salir al sol, siempre y cuando uno usara bloqueador 30. Mamá empezó a dejarnos entrever, a cada momento, que el verano estaba, inminentemente, llegando a su fin.

—Disfrútenlo mientras puedan, niñas. El verano casi está a punto de t-e-r-m-i-n-a-r.

Para entonces habíamos dirigido la atención a la ropa que llevaríamos a la escuela y a las telenovelas diurnas, después de habernos llenado de sol, horas en la piscina, pepinillos dulces y Granny Smiths durante junio y julio. Mientras tanto, yo me había tomado muy en serio los consejos de belleza de mi revista para adolescentes y, para seguir la tendencia más novedosa de la temporada, pedí a mamá que me llevara a cortar el cabello. También había crecido más allá del súper de la esquina y descubrí el encanto del centro comercial. No entendía por qué mamá no comprendía que los vaqueros lavados con ácido ya no estaban de moda. Yo estaba preparada para el séptimo grado, lista para jugar futbol, lista para ir a conciertos con mis amigas y lista para besar a un muchacho.

¡Ah!, y durante los últimos días indolentes del verano de hace seis años, a veces me aventuraba al exterior, entrecerrando los ojos para evitar que los rayos de sol me molestaran cuando me asomaba a ver si

habían madurado las uvas o, cuando menos, eso era o que
mamá. En realidad, me asomaba a mirar a un muchacho ni
tenía una agradable sonrisa, una estruendosa risa y que se e
de atar los viñedos que había detrás de mi casa. Entonces, h
veranos, mi revista para adolescentes me había dicho que yo
que tomara la iniciativa, que a los muchachos les gustaban las muchachas agresivas. En el mes que tardé para hacer acopio de valor y
encontrar la manera de abordarle, él había terminado de atar las uvas
y se había ido, impidiendo que yo pudiera cantar mi rapsodia de
púber.

El amarillo sol todavía caminaba por nuestras espaldas, ahuyentan-
do el fresquillo del aire, pero yo estaba convencida de que mi verano
había terminado. Yo ya lo había dejado atrás, al igual que mi infancia,
y ahora estaba lista para estallar como adulta entre las hojas del verano. ¿Mamá no había dicho que avanzáramos hacia cosas más grandes
y mejores? ¿Qué ella no había vendido su Elvis de terciopelo para
avanzar? ¿Qué yo no había vendido mi infancia al verano, empezando
por mi Barbie preferida, para avanzar?

Seis veranos después pienso en todos los avances a cosas más grandes y mejores que hemos logrado mis hermanas y yo, o incluso nuestros padres. Ahora me doy cuenta de que no existe eso de "más grande y mejor". La persona que ya somos y lo que tenemos es suficien-
temente bueno y, muchas veces, mejor de lo que nos damos cuenta,
tal como era entonces, hace seis veranos, y justo como es ahora o en
un momento dado cualquiera de nuestras vidas.

Hace seis veranos, en mi inocencia de los doce años, no me cuestionaba ni cuestionaba al mundo a mi derredor. Sólo era otro verano
y gustosamente aceptaba su regalo de pepinillos dulces y manzanas
Granny Smiths, el té helado de mamá y la piscina de papá. Ni una sola
vez pensé en lo duro que había trabajado para comprarla y para insta-
larla él mismo, para que sus nenas tuvieran un refugio acuático dónde
refrescarse bajo el sol de estío. Cuando el verano llegó a su fin, me
lancé a la edad adulta con la intención de crecer, sin darme cuenta de
que el proceso ya había empezado en la venta de garaje, con el control del puesto sobre la base del televisor. No fue sino hasta reciente-

mente que entendí que el último domingo de nuestra venta de garaje de hace seis veranos, mamá no vendió su Elvis de terciopelo para avanzar a cosas más grandes y mejores, sino para calmar el dolor del crecimiento de su hija cuando había vendido su Barbie preferida.

Hace seis veranos, el sol dejó en mis hombros marcas rosas, pero no tengo la cicatriz de quemaduras que marquen mi transición, durante el último verano de mi infancia, a cosas más grandes y mejores. Todo lo que queda son recuerdos de la cosa más grande y mejor de todas... el amor.

HEIDI KURPIELA

El árbol de la vida

No sé cuándo me enamoré de los árboles y de treparme a ellos. Creo que nací con esta inclinación, igual que mi padre antes que yo y mi hijo después de mí.

Cuando mi prima Wanda y yo éramos niñas, pasamos juntas muchas semanas de verano, largas e indolentes, en la cabaña de su familia en Grand Marais, Minnesota. La cabaña era bastante rudimentaria, estaba hecha de lámina y maderos, muebles viejos y sábanas que no hacían juego, había una palangana y un pozo para lavarnos y un retrete, fuera de la casa, en un rincón del solar. También tenía varias literas, pero dormíamos en ellas sólo cuando era absolutamente necesario.

La magia del lugar estaba fuera de las paredes de la cabaña, en la playa. Me encantaban el agua, las olas, la arena y el sol, pero, sobre todo, me gustaban los árboles. Mi árbol, Christopher, estaba anidado detrás de las dunas de arena, en un mundo secreto que despertaba la imaginación de mis nueve años. Wanda tenía su propio árbol y estábamos seguras de que era hermano del mío. Su árbol se llamaba Christine. Tal como el hermano y la hermana árbol crecían lado a lado, con ramas entrelazadas pero troncos independientes, así crecimos Wanda y yo, como si fuéramos hermanas. Nos movían los aires de gustos similares y llegamos a conocer nuestras diferencias, pero siempre estuvimos seguras de las raíces del amor que sentíamos la una por la otra.

Pasábamos horas perdidas en el mundo de nuestros árboles. No recuerdo haber tenido jamás que compartir mi árbol con nadie. Llegué a pensar que si los árboles pudieran pertenecer a una persona, entonces Christopher me pertenecía. Mis músculos aprendieron de memoria la colocación exacta de sus ramas y mi piel conocía todos los nudos de su tronco. En treinta segundos podía trepar a mi lugar preferido mientras las ramas tiernas tocaban mi piel, como las caricias de un buen amigo. Ahí arriba, a medio camino de la estatura completa de Christopher, sentía como si me hubiera hecho una con el árbol y toda la vida que habitaba en él. Igual que un gorrión, camuflada entre las hojas, veía desde lo alto los declives de las dunas, apuntando en todas las direcciones, y me sentía más libre y más viva que cuando tenía los pies en la tierra.

Unos años después, otro árbol entró en mi vida cuando el grupo de quinto año hizo una excursión al bosque. Cada niño y niña recibimos un arbolito para llevarnos a casa. Recuerdo que rumié por el garaje hasta encontrar una pala, cavé un agujero en el patio trasero y, suavemente, coloqué en el suelo la raíz del largirucho abeto. Bauticé al bebé con agua, ternura y el nombre de Christopher. Mi mente infantil no se hartaba de ese nombre.

Muchos años después olvidaría a mis dos árboles Christopher. En esa época estaba centrada en mi marido John y preparándome para ser madre. Nuestro primer hijo vino al mundo por cesárea. Mientras yo seguía sin sentir del esternón para abajo, con la boca y garganta como arena seca, me enseñaron a mi hijo recién nacido. Tenía los ojos rasgados y la parte superior del cráneo plano, provocando que su cabeza pareciera un triángulo de carne y hueso. Quedé pasmada ante la idea de que este humano enteramente formado hubiera salido de mi cuerpo. Su belleza, frágil e imperfecta, me inundó.

El bebé fue llevado rápidamente al cunero mientras los médicos me cosían. Mi marido instintivamente siguió al bebé, dejándome con la insensibilidad de mi cuerpo y con mis pensamientos. Recorrí con la mente una serie de nombres en busca de uno que le quedara bien a nuestro bebé. ¿A quién se parecía? En realidad no a un Andrew ni a un Carl, que eran los que habíamos colocado a la cabeza de una lista de nombres negociados. Entonces, un nombre me vino a la mente. Estaba cerca del final de los preferidos que habíamos elegido pero éste parecía el correcto.

En el cunero, John contemplaba y babeaba mientras el bebé era bañado con una esponja, pesado, medido y encobijado. Empezó a llamar al niño por su nombre, casi sin dudarlo. Poco después, cuando los tres volvimos a reunirnos en mi habitación, se acercó nerviosamente a mi lado.

–Sé que no hemos decidido su nombre aún –me dijo–, pero debo decirte que... he empezado a llamarle Christopher.

Supe que nuestras almas se habían comunicado, la de John, la mía, la de Christopher y la del Espíritu Divino, pues ése era el nombre que yo también había presentado.

Unos cuantos días después me visitó la prima Wanda. Entró al hospital sonriendo y dijo: "No puedo creer que hayas nombrado a tu hijo pensando en un árbol".

Recordé todo. ¿Cómo podía haber olvidado esos magníficos días con Wanda y Christopher y Chistine? El universo había hablado. Y así fue que mi hijo comparte su nombre con otros dos tocayos que tuvieron un lugar en mi vida: Christopher el álamo blanco y Christopher el abeto.

HEDY WIKTOROWICZ HEPPENSTALL

Sueños en Technicolor

Siempre he soñado en Technicolor. En lugar de los sueños normales, apagados y sombríos, o de los sueños con luces deslumbrantes, los míos son vívidos, llenos de estallidos de color.

Me pregunto si será una cuestión genética.

Mi bisabuela Bongie también tenía grandes sueños que le decían: "muchacha, vete al Oeste", y la llevaron de Paoli, Indiana, a las verdes planicies de Kansas, donde sus padres echaron raíces. Sus carretas transportaban sueños y esperanzas, así como los instrumentos para hacerlos realidad, y los mantenían alejados del fragor de la guerra azul y gris que regaba sangre sobre campos y piedras. ¿Bongie tenía sueños a color?

Tengo una foto de Bongie y mi bisabuelo, sentados al frente de la choza donde vivían en Caldwell, Idaho. Detrás de ellos, un extenso cielo sepia y un marrón suelo seco parecen extenderse hasta el infinito. Están pasando su sabat, leyendo el periódico y bordando. Bongie luce lentes sobre la nariz y una buena mata de cabello gris apilada sobre la cabeza. Esta profesora de Kiowa, esta madre de cuatro, tejedora de lino y de cuentos, y sus hijos ex esclavos habían llegado lejos desde Paoli. Esta victoriana que había visto a Abe Lincoln antes de que saliera de su estado natal para ser presidente, dejó caer todo su peso para impedir que una de sus hijas se fuera al "alegre París", a vivir junto al Sena y a pintar coloridas impresiones, pero estuvo del lado de esa misma hija cuando registró en blanco y negro a los cheyenes y a los comanches con su cámara Brownie, dándoles vida en un cuarto oscuro. Algunos sueños se modifican, pero los colores permanecen fieles.

Mi Nana, otra de las hijas de Bongie, tenía sueños de hogar, de encontrar a sus antepasados puritanos en Nueva Inglaterra. Después de asistir a una escuela de comercio, se casó y siguió el camino del ferrocarril con su marido contador, atravesando el oeste (Oklahoma, Nuevo México, Idaho antes de que fueran estados). Vio de todo: pueblos de vacas, pueblos mineros, pueblecillos que eran prácticamente nada.

Mientras mi abuelo prosperaba en su carrera, ella se hacía sus propios vestidos, tocaba su guitarra española y sumaba hijos hasta llegar a tres. Una vez vivió en un mismo lugar tiempo bastante para que sus muchachos jugaran futbol en una escuela de sordos, donde ellos eran los únicos del equipo que podían oír. Escuchaban las llamadas de las jugadas de otros equipos y después se las transmitían a sus compañeros de equipo con lenguaje de señas. Siempre ganaban. En la Primera Guerra Mundial fueron soldados de infantería. Después, a los cuarenta, Nana tuvo a mi madre y se asentó en Boise, Idaho, durante los siguientes cincuenta y nueve años.

Yo quería mucho a mi Nana, amaba la sensación aterciopelada y suave de su mejilla contra la mía. Me encantaba el sonido de su voz con un dejo de occidente: "Fui a der un paseo por el drío", decía o "No bengas a-serme la barba". Había soñado que mi madre nacería. ¿Soñó que yo nacería?

En el espejo de mi habitación tengo una foto en blanco y negro de mi madre. Está sentada sobre una valla en el rancho de su tío, al norte de Boise, donde un verano estuvo cuidando pavos, montando a caballo. Al fondo, las inclinadas colinas de pastoreo lucen secas, prácticamente sin árboles. Ella lleva botas de leñador con lazos hasta las rodillas y un sombrero ladeado. Mira hacia la cámara y sonríe con una sonrisa cálida e incitante, la misma que toda la vida ha sido mi bálsamo para heridas y preocupaciones. En esta foto es una joven muy bonita con una preciosa mata de cabello castaño.

Tal vez estaba pensando en subir a los manantiales para meterse entre los gruesos chorros de agua para quitarse el polvo. O quizá pensaba en los muchachos que trabajaban en el campamento, arroyo arriba. Su alboroto despierta a todo el mundo muy temprano y, cuando entran en la tienda que su tía tiene en el pueblo, su aspecto de gente del este resulta extraño. Uno de ellos quiere ser músico, pero los tiempos son difíciles.

Mi madre tenía sueños, soñaba con teclas de piano, con Schubert y Chopin, que la llevaron de los barrancos secos y cálidos del sudoeste de Idaho a los abundantes prados verdes de la Universidad de Michigan en Ann Arbor, donde estudió con los mejores. Usaba la ropa que mi Nana le hacía, tan fina como la de cualquier sastre, y conoció a mi padre científico comiendo galletas en el dormitorio.

Sus sueños de música-de-conservatorio en Suiza y de conciertos-en-el-Sena se vieron interrumpidos por la Segunda Guerra Mundial. Después los hizo a un lado para vivir en el caluroso y húmedo Washington, D.C., mientras mis hermanos y yo hacíamos gran escándalo en las escaleras.

Pero ella se aferró a sus sueños y los colores siguieron igual.

Tengo un recuerdo maravilloso. Nos hemos trasladado a Pittsburgh. Estoy acostada en mi cama. La puerta de la habitación oscura está cerrada, pero por la rendija de abajo se cuela el sonido del piano Baldwin de mamá que viene de la planta baja. Un violín y un violonchelo la acompañan. Los otros músicos son científicos y están tocando el Cuarteto de las Truchas, de Schubert. Yo soy muy pequeña y cuando los sonidos de la música forman remolinos y fluyen pienso en los peces y los profundos estanques de color.

La música me sustentará toda la vida. La música se convertirá en palabras. Y, cuarenta años después, mi madre verá su sueño convertido en realidad en los talleres de música en Salzburgo, en Oxford y en las montañas del Tirol.

Otro recuerdo me viene a la mente. Tengo cuatro años y estoy mirando soñadoramente a una pecera. Mi nariz está en la orilla y mi cabello es tan ligero y crespo como las barbas de una mazorca. Tan pequeña, no sé cuál dirección debe tomar mi vida, todavía no veo mi sueño. Habrá salidas en falso y callejones sin salida.

Después, a los dieciséis, tomaré la guitarra española de Nana y cantaré mi camino hasta una "A" en la clase de francés. Iniciaré una aventura e iré a Francia y caminaré junto al Sena, en el alegre París.

Escribiré canciones folclóricas y conoceré al hombre de mis sueños en las arenas de Waikikí. Tendré tres hijos y viviré en el Oeste.

Ahora sueño con ser una escritora que consigue que publiquen su obra y con enseñar historia con tanta fuerza que hasta un niño diría "¡Tranquila!".

Estos sueños que sueño en vívido Technicolor son los de mis abuelas y de mi madre. Todas forman una. Y los colores siguen fieles.

JANET OAKLEY

Laura: amigas siempre en movimiento

Caminando en el aire vigoroso de la mañana vuelvo a sentir la fuerza del amor. Es domingo por la mañana, nuestra hora, la de mi amiga para toda la vida y yo. Las dos hemos estado fuera del pueblo, así que han pasado muchas semanas desde que salimos a caminar. Tomamos este ritual con un sentido religioso, contamos con él casi como respirar y las siestas por la tarde. Tenemos mucho de qué hablar, anécdotas que contar, aventuras que compartir. Sin embargo, las palabras cuentan, en realidad sólo cuenta estar juntas y moviéndonos. Sabemos que lo que tenemos es precioso y lo demostramos, como siempre, en nuestro saludo. Nos colgamos brevemente la una a la otra y, después, emprendemos la marcha.

Llevamos más de veinte años caminando lado a lado, por todo tipo de clima y de dificultades familiares. Laura me descubrió un día, cuando yo venía a casa después de correr y me ungió como su nueva compañera. De entrada le confesé que yo era corredora de distancias cortas y buen clima, a pesar de mis bien desarrolladas pantorrillas, que son las que le atrajeron de entrada. Se quedó impertérrita y dijo que me tendría corriendo distancias en nada de tiempo. ¿Quién era esta mujer tan decidida a sacarme al camino? Tal como salieron las cosas, estuvo en lo cierto. En poco tiempo, a pesar de mí misma, cubríamos cinco millas tres veces a la semana, a pesar de que yo siempre había odiado correr y sólo lo hacía para comer lo que quería sin perder mi figura. Con Laura olvidaba que estaba corriendo. Charlábamos todo el tiempo, sin callarnos nada. Nos reíamos a carcajadas. Y nos hicimos amigas.

Dudo que, en aquellos primeros años, pensáramos mucho en nuestra rutina para correr o en nuestra amistad. Estábamos demasiado ocupadas preocupándonos por nuestros hijos pequeños, preguntándonos si debían aprender a ir al baño solos en el jardín de niños y quejándonos de nuestros maridos, esos hombres insensibles demasiado atrapados en sus propias vidas como para prestar atención a las nuestras.

Éramos madres primerizas que habíamos tenido a nuestros hijos, entradas en años, a los treinta y pico y los dos habían nacido por cesárea. Entonces tomábamos por sentada nuestra juventud y nuestra edad.

Los años pasaron. Laura tuvo otro hijo y poco después yo también. Éramos madres y teníamos mucho en común. Seguimos corriendo y charlando, confiándonos nuestros secretos más profundos. Movidas por la adrenalina, no nos callábamos nada y nos abríamos a los consejos de la otra. Había abundancia, cuando menos de mi parte, y eso siempre ayudó. Corrimos a lo largo de un casi romance o dos, de ocasionales desacuerdos maritales, de cambios de empleo y de traumas de la infancia. Corrimos a lo largo de noches oscuras y húmedas y de tardes soleadas calurosas, cambiándonos de ropa según la temporada, cambiando de días y de horas para ajustarlos a nuestros horarios, pero siempre, siempre corriendo y charlando.

Laura es mi amiga en movimiento. Nos dio por andar en bicicleta una temporada, cuando ella padeció una lesión que le impedía correr. Unas cuantas veces corrimos peligro de muerte cuando calculamos mal el tráfico que venía y los caminos resbaladizos empapados por la lluvia. La bicicleta entorpecía un poco nuestra conversación, pero sólo fue un ajuste temporal. Éramos muy adaptables.

Pronto volvimos a nuestro viejo patrón de correr. Una vez estábamos tan enfrascadas en la conversación que no escuchamos a un hombre que llegaba por atrás. Estaba oscuro, hacía viento y estábamos agachadas muy cerca una de otra sin pensar en el mundo que nos rodeaba. Cuando escuchamos la respiración profunda justo a nuestro lado, gritamos y nos abrazamos, y le dimos el susto de su vida a ese pobre corredor que había tenido la osadía de balbucear "corredor a la izquierda" y sacarnos de nuestro ensueño. Cuando pasó, temblando del susto, nos reímos a carcajada batiente por la fuerza de nuestros gritos. Éramos invencibles. Podíamos manejar cualquier cosa.

Entonces empecé a jugar futbol y un vigorizante proceso de hacer trizas mi cuerpo que duró cuatro años. Con el tiempo tuve que dejar de correr distancias largas. Tratamos de tomar té juntas, pero no funcionó. Laura no podía o no quería estar quieta. Pensé que hasta ahí habíamos llegado. En cambio, decidimos que trataríamos de caminar y así empezaron nuestras citas dominicales.

Encontramos una ruta que nos satisfizo a las dos, con suficientes colinas como para desafiarnos y con tan poco tráfico que no podía provocar distracciones. Seguimos moviéndonos y hablando rápido, apresurándonos colina abajo hacia la zona de muelles, cruzando las planicies y resoplando para volver a llegar al otro lado. Seguimos compartiendo las pruebas, las tribulaciones y las alegrías intermitentes de la maternidad en nuestro caminar apresurado y respirando. Intercalamos esas caminatas, igual que las carreras antes de ellas, entre las tareas reales de nuestra vida, principalmente nuestro empleo y nuestras familias.

Corrimos nuestras pequeñas aventuras, inclusive la vez que vimos a un hombre desnudo haciendo su muy personal tipo de yoga sobre lo alto de Puget Sound. También estuvo el día que pasamos a un hombre que corría hacia nosotras, tan guapo que tuvimos que voltear la cabeza y mirar su trasero, para descubrir que llevaba las nalgas desnudas bajo su larga camisa de corredor. Le buscamos durante varias semanas con la esperanza de echarle otro vistazo; no apareció más y nos preguntábamos si no le habíamos inventado.

Entonces me dio cáncer y todo cambió. Al principio no quise ver a Laura porque pensé que no podría manejar su reacción. Es una mujer de emociones intensas, en eso nos parecemos, y sabía que el giro de las cosas le había golpeado muy duro. Años antes, ella había quedado más afectada por su primer aborto que yo. Además, su madre había muerto de cáncer y esta enfermedad le había dejado sus propias cicatrices. Por lo tanto, la mantuve a distancia hasta que prometió que no se presentaría deshecha. Cuando vino a casa a verme, era tan extraño estar simplemente sentadas en mi sala, tratando de actuar como si nada por el tumor que había crecido entre nosotras. Cuando no pude soportar más su fingida sonrisa, inflexible, dije con exasperación: "¡Basta, ya suéltalo!" Así lo hizo y lloramos y reímos y, como teníamos toda esa emoción contenida que necesitábamos liberar, después lloramos más.

A partir de ese momento hicimos lo que sabíamos hacer mejor: nos movimos. Seguimos caminando durante los meses de la quimioterapia y la radiación. Yo ya no podía subir por las colinas, así que todos los domingos íbamos en coche al malecón para caminar por lo plano. Salíamos, brazo con brazo, resueltas y asustadas. Ella siempre cuidaba que mi cabeza calva estuviera cubierta contra el frío del invierno. Yo la molestaba cuando lo hacía, pero me gustaba la forma en que me cuidaba. Me decía que algún día echaríamos la vista atrás y veríamos esta etapa como un puntito dentro del plan mayor de las cosas. Yo decía que no, que esto era tan grande que jamás volveríamos a ser las mismas. Ella asintió reacia y retiró sus ingenuas palabras de consuelo. A veces pasábamos junto a amigas que decían que me veía muy bien, a veces junto a extraños que decían que rezarían por mí. El asunto tenía sus momentos surrealistas.

Esos paseos se volvieron sagrados, eran nuestra escuela dominical sobre un camino, algo que yo estaba bastante decidida a hacer fuera como fuera. Caminábamos más lentamente porque mis pies se habían vuelto planos y yermos debido al coctel de mi quimioterapia, y también porque tenía tan poca energía como un sapo en invierno. Reímos más y lloramos un poco. Nos dimos la mano y nos abrazamos cuando lo necesitábamos y nos importaba un bledo lo que la gente pensara. Todos esos años de preocuparnos por nuestros hijos, quejándonos de nuestros maridos, llorando por la muerte de padres y adaptándonos a la madrastra nueva de Laura, nada de esto nos había preparado para la posibilidad de perdernos una a la otra.

Ahora que he vuelto a estar sana hemos recuperado el paso. Llueva o truene, subimos y bajamos por esas largas colinas. No damos nada por sentado. Hemos llegado a saber, de forma tan intensa como un arco iris sobre Puget Sound, que somos bendecidas. Yo camino lentamente hasta su casa, analizamos qué tanto calor o frío está haciendo y adaptamos nuestra ropa en consecuencia, sumando guantes o descartando chaquetas. Nos abrazamos y reímos y nos dirigimos colina abajo, echando vapor por los hechos de la semana. Me detengo y le grito a un par de cuervos, nos reímos por lo estrafalario de mi acto. Cuando llegamos a la parte plana de los muelles, a un par de millas, vamos a toda velocidad. Vemos una foca jugueteando en las olas y nos detenemos un segundo para apreciar el espectáculo. Exclamamos ¡oh! y ¡ah! al ver la luz que se refleja en el lomo de la foca y nos abrazamos en feliz abandono.

Somos nuestro mejor público y lo sabemos. Estamos en una iglesia y es un lugar sagrado, por lo que prestamos atención. Nos hemos dado cuenta de la fragilidad de las cosas. Tal vez por ello ahora somos más insolentes que nunca antes mientras caminamos por las estaciones, preocupándonos por nuestros hijos, quejándonos de nuestros maridos y celebrando nuestra capacidad para hacerlo. En estas fechas nos tomamos las cosas con más filosofía, tal vez porque estuvimos al borde del abismo y vimos cómo era la profundidad.

Laura y yo nos amamos de una manera que sólo se pueden querer las verdaderas amigas, incondicionalmente y con una honestidad rara vez compartida en otras relaciones. Sé que siempre estará ahí para mí y confío en que ella sepa que yo siempre estaré ahí para ella. Es mi amiga en movimiento y nuestro mejor punto es cuando cargamos colina arriba, profundamente interesadas en cuestiones de gran importancia, cuando menos para nosotras. Mientras caminamos y charlamos, reímos y despotricamos, somos fieles y constantes a nuestro camino y, sobre todo, la una a la otra.

JANIE H. STARR

Las mujeres que me formaron

Nací con suerte. Soy creación de varias mujeres. Si bien mamá tiene el mérito de haberme dado a luz, literalmente, y de haberme criado, otras tres mujeres de la familia tuvieron ingerencia mi formación, tanta que es como si me hubieran modelado en arcilla. Alguna vez pensé que estas mujeres –mi madre, dos tías paternas y una tía extraoficial– eran más importantes que la vida. Incluso ahora, que las reconozco como sumamente humanas, siguen guiando mi vida. Todas tuvieron un efecto, cada una de manera singular. El revoltijo de sus personalidades determinó, en grado importante, la muchacha que fui y la mujer que soy.

De mi madre recibí una aportación de corazón. Me pasó su generosidad y bondad. Su suavidad limó mis lados abruptos. Me infundó su amor por las personas, la conversación y la verdadera alegría de dar. A mi madre también le debo la aversión a ser ama de casa, el papel que ella escogió para su vida. Vi su fe pisoteada cuando terminó su matrimonio con mi padre y ella casi no tenía otro sostén. Vi a mi madre y su vida e hice un viraje de 180 grados para dirigirme en sentido contrario jurando que jamás sería un ser dependiente.

Mis tías paternas fueron los modelos de mi vida adulta. Seguí su molde sin siquiera darme cuenta. Soy nacida de mi madre, pero me parezco muchísimo a mis tías. La tía Lee era la pólvora de nuestra familia. Era bajita, festiva y desafiante, siempre estaba al mando y te lo hacía saber. Siempre tenía una opinión y nunca dejaba de manifestarla. Si consideraba que algo era lo más conveniente para ti, te lo decía, lo quisieras escuchar o no. Las personas escuchaban a Lee, y yo la llamaba cariñosamente "Gestapo".

La pequeña Gestapo me ha enfurecido en ocasiones, pero la tía Lee también ha sido un tesoro. Me dio su fuerza, su energía, su capacidad para trabajar y su convicción. Me enseñó que es bueno tener opiniones y que yo tenía derecho a la mía. De ella aprendí que tengo derecho a decir lo que pienso y la confianza de salir a conseguir lo que quiero. Con su ejemplo aprendí que era valioso tener el mando, sobre todo el de tu propia vida.

La tía Anna, una de mis tías mayores, fue una influencia fuerte, pero sutil. Era una interesante combinación de silencio y voluntad de hierro. La tía Anna era el pilar de la familia y muchas personas, entre ellas yo durante muchos años, pensamos que era fría. Sin embargo, un día vi que la tía Anna se desmoronaba. Su pérdida de control sólo duró un instante. Estaba hablando de mi padre, su hermano preferido, que se acababa de morir. Cuando habló, su voz se quebró pero tuvo la voluntad de seguir hablando y recuperó el control. Por pura fuerza de voluntad impidió que sus emociones se descarrilaran. Ese día me di cuenta del tamaño de la fuerza de voluntad de la tía Anna y de la solidez de su carácter. En centésimas de segundos vi más allá del seco exterior y aprendí más de ella que en muchos años de observación. Todavía me asombra su capacidad para controlar el llanto.

De Anna recibí los regalos de la dignidad, el orgullo y el control personal. Aprendí que podía decir cosas sin hablar. Me enseñó que algunos sentimientos son íntimos y que sacarlos a relucir los minimiza. Me di cuenta de que su reserva era una manera de protegerse, de aferrarse a sí misma para no caerse en pedazos. Ésa fue la lección que más trabajo me costó aprender, pero con el tiempo supe cuándo y cómo emular su fuerza y control personal.

La influencia femenina ajena a la familia que jamás ha merecido el título de "tía", fue Joan. Era una mujer que se adelantó a su tiempo y que vivía con Charlie, mi tío preferido que seguía siendo el marido de otra. Por esta infracción imperdonable, la familia de Joan la había rechazado. Joan era más joven que mis padres y sus hermanas, pero dada su relación con mi tío, formó parte de su generación. Joan sobresalía. Era la única persona mayor de mi familia que yo consideraba mi amiga y no sólo una pariente.

Sé que me sentía atraída a ella porque hacía lo que quería y llegaba siempre a donde quería llegar. En una familia de mujeres que no sabían manejar, eso era la gran cosa. De Joan aprendí la alegría de la liberación y la soledad de la independencia. Años más tarde me di cuenta del terrible precio que había pagado por su libertad. Con el tiempo, pienso que eso fue lo que rompió su corazón.

Joan me enseñó que coquetear era divertido y que los hombres no eran enemigos extraños y misteriosos. Me enseñó que podía divertirme con los muchachos sin dejar de actuar como una dama. Joan me enseñó a buscar a los pocos hombres buenos que me tratarían como a una igual y me querrían y apreciarían como mujer. Todavía puedo verla con su corto cabello oscuro, con la cabeza lanzada atrás por la risa, pasando la vida con gran diversión. Disfrutaba comiendo todo lo que podía. Agarraba la vida por el cuello de la camisa y la sacudía. Hacía cosas que ninguna otra persona de nuestra familia jamás soñaría hacer. La primera vez que volé en un avión fue con Joan.

Éstas son las mujeres que me formaron. Soy una creación combinada de sus ánimos y el mío. Sus fuerzas y peculiaridades están entrelazadas con las mías. Soy portadora de sus huellas mientras voy dejando las mías.

DONNA MARGANELLA

Amasando los lazos de la amistad

Me encanta visitar la casa de Anna. Está llena de tranquila bondad y energía positiva. Algunas personas tienen la chispa para crear un buen espacio. Es la chispa de tener las manos y la mente ocupadas. Es la chispa para prestar atención. También es la chispa para ser buena amiga y pasar su sabiduría hasta para hacer pan. Anna la tiene.

—Pienso hacer pan de canela —me llamó un día—. Sé que te gusta el pan de canela y que quieres ver la máquina para hacer pan, así que no empezaré hasta que llegues.

En mi última visita, casi un mes antes, Anna sirvió pan de cebada caliente hecho en su nueva máquina. Ésta era un regalo que su hija le había dado por Navidad. Le pregunté si algún día podría ver cómo hacía pan.

Cuando llegué, los ingredientes estaban listos y, además, había preparado carne enchilada para comer. Me ofreció un poco de café caliente recién preparado. Me encanta que cocinen otros. Eso de verter montones de ingredientes en una olla o una cazuela, y que salga cuando y como se supone que debe quedar, tiene algo de mágico para mí. Tal vez la magia sea conocer y usar los talentos que tiene cada persona. Quizá si observo durante el tiempo necesario se me pegará un poco de este talento para cocinar.

Anna empezó. Vertió todo en una pequeña cubeta. No parecía una hogaza de pan.

—Eso no puede salir como pan —digo.

—Ya verás —replica Anna, riendo.

Colocó la cubeta en la máquina y oprimió algunos botones. Los extraños ruidos de algo que se mezclaba y amasaba no tardaron en aparecer.

—¿No debes verificar algo?

—No, todo está bien. Primero comeremos y el pan caliente será el postre.

El picante de la carne estaba en su punto. Los pimientos verdes son del jardín del hermano de Anna. La máquina de hacer pan gime, ocasionalmente lanza el ruido de metales chocando y se detiene para pensar las cosas. Nos servimos otro poco de carne enchilada y yo sigo esperando que la tapa o alguna otra pieza que produce esos terribles ruidos salga volando.

Anna enjuaga los platos y deja un molde con carne enchilada para su hermano. La máquina de pan está sospechosamente silenciosa.

—¿Estás segura de que no la debes revisar?

—El pan debe subir más de una vez antes de estar cocido. Vamos a la sala —Toma la manta de lana que está tejiendo a gancho. Ahora usa estambre de colores claros porque puede verlo mejor—. Tuve que dejar de hacer muchas cosas cuando ya no pude seguir manejando —dice—, pero sigo encontrando mucho que hacer.

Hablamos de sus amigas y de los vecinos; a muchos de ellos los conoce desde hace cincuenta años. Me cuenta de la conversación telefónica semanal con su hija y me dice que a su nieta le gustó la manta de lana tejida para la cama matrimonial que le envió el mes pasado. La familia entera vendrá, como siempre, para el Día de Acción de Gracias.

Está contenta porque el césped ya no va a crecer este año y se pregunta si podrá cortarlo el verano entrante. Habla de sus planes para que le pinten las habitaciones de la planta baja. Me pregunta por mi nueva computadora y mi hermano, que no ha estado bien de salud.

Le cuento lo que he estado haciendo, pero dejo medio oído atento a la máquina en la cocina. No oigo nada, tampoco huelo a pan horneándose.

Anna teje crochet sin preocuparse. Me pregunto cuánto tiempo se podría medir con las madejas de lana que han pasado por sus manos, para después pasar, con el tiempo, a manos de otra persona. Me explica que esta manta es para un sobrino a quien le gusta ver la televisión tirado en el suelo, pues pronto hará frío; y que, después de ésta, el bazar de la iglesia quiere que teja una.

Yo tengo una de las mantas que tejió Anna, justo después de que le diagnosticaron degeneración macular, un mal que afecta la retina. Fue uno de los muchos "experimentos" realizados mientras aprendía a hacer las cosas de otra manera. Las lupas, los tocacintas, las etiquetas —para marcar con números grandes las perillas de los aparatos y el termostato— han pasado a formar parte de su vida. Muchas veces, en noches de invierno, me envuelvo con ella y con su determinación.

Nos ponemos de pie y subimos los pronunciados escalones que llevan a su único baño y que le ayudan al funcionamiento de sus piernas y pulmones. Yo olfateo —después de todo, el aire caliente sube— y ella se ríe.

—Debes tener más fe.

—Ha pasado más de una hora desde que salimos de la cocina.

Volvemos a bajar las escaleras. Se lamenta de que ahora los caminos largos le cuestan más, pero se obliga a caminar un poco siempre que el clima lo permite. Entra a la cocina por agua y sus medicamentos para la presión arterial. Yo sigo con ganas de acercarme más a... ustedes saben que.

Y huelo a pan horneado.

—Algo está ocurriendo.

Anna se acerca a la máquina para ver el reloj.

—Ya no tardará mucho.

Al poco rato, la máquina timbra y el pan está listo. Es pan de verdad. Deja escapar un rico aroma por toda la planta baja. Su sabor amerita todo el tiempo que hemos esperado.

Anna rebana otro pedazo antes de que yo lo pida.

—Le puse un poco más de canela. Sé que te gusta mucho.

NANCY SCOTT

Navegar por aguas tranquilas

Cuando tenía dieciocho años fui aceptada en una universidad que se declaró en bancarrota el verano después de que terminé mis estudios de bachillerato, pocas semanas antes de que saliera de casa para hacer mi vida. Ante mi falta de planes, me subí al auto atiborrado de una amiga y las dos nos fuimos a San Francisco. Tras una semana de dormir en el suelo del condominio de un pariente, firmé un contrato de arrendamiento de un departamento en el tercer piso de un edificio en la esquina de Cole y Haight, hogar de borrachos dormidos y de adolescentes insomnes. Tenía la vaga ilusión de ser la próxima Virginia Woolf o Emily Dickinson, así que tomé un tranvía y un autobús hasta la Universidad Estatal de San Francisco y me inscribí. Cuando llegué a San Francisco llevaba unos mil dólares. Después de pagar el piso y la inscripción, me quedaba lo bastante para comprar varias cajas de macarrones con queso. Me di cuenta de que había llegado el momento de afrontar el refrigerador vacío, conseguir empleo y crecer.

Diecisiete años después, contaba con una licenciatura bastante inútil en lengua inglesa y un empleo de tiempo completo en admisiones, dos hermosos hijos y poco más. Ciertamente había crecido y también abandonado a mi encantador marido alcohólico y a todos los sueños de tener una habitación propia. Mi título para la escritura creativa se desperdició redactando manuales de procedimientos y minutas de juntas, pero no podía refunfuñar. A fin de cuentas estaba saliendo adelante después de estar quebrada y de quitarme de encima a mis acreedores. Sola y con mi empleo en la universidad, cuando menos tenía prestaciones de salud, una casa, tranquilidad mental y mis hijos iban decentemente vestidos a la escuela. No era Emily Dickinson pero tampoco estaba viviendo en una novela de Dickens.

Generalmente llegaba a la oficina a las siete de la mañana, para salir de ahí a las cuatro de la tarde. Me gustaba dejar el trabajo lo bastante temprano como para recoger a los niños en la guardería y comprarles una pizza o alquilar un video. Mis amigas me tomaban el pelo por mis románticas noches de los viernes, pero después de años de preguntarme lo que me podrían traer las noches de los viernes con mi marido borracho, pensaba que la seguridad de tener que arrastrar a mis dos hijos y la disyuntiva impredecible de cuál sabor de helado compraríamos eran emoción suficiente para mí.

Por el camino he conocido a otras mujeres como yo; mujeres que parecen vagar sin curso al principio, pero que después recuperan el rumbo de sus vidas, como marinos firmes en medio de una tormenta, llegando a aguas tranquilas y felices de estar ahí. De entre estas mujeres, mi querida amiga Katie ha tenido un efecto particularmente fuerte en mi vida.

Ella apenas había terminado el bachillerato y antes de pensar siquiera qué hacer de su vida ya era madre de dos hijos. Después vinieron varios años de vivir en los suburbios, escuelas privadas para los niños, fiestas y vacaciones con montones de comida y mucha, pero mucha, bebida. Tuvo otro hijo y cinco años después uno más. A medida que su marido se concentraba en su trabajo, Katie se centraba en criar a sus hijos, en cocinar y limpiar para una familia de seis, siempre tratando de que todo el mundo estuviera en orden y de buen humor. Su marido bebía cada vez más, hablaba menos y estaba carcomido por la ira, mientras Katie se dedicaba a ser supermujer y a beber por su cuenta. Es difícil encontrar un rumbo cuando uno está flotando en alcohol. Ella se sentía atrapada en una casa enorme, cuidando a una familia grande y con años de historial familiar que la tenían amarrada al mástil de su vida juntos. Un día, tomó el timón.

Alguien le había hablado de Alcohólicos Anónimos. Asistió a las juntas y algo empezó a cambiar en su corazón. Se inscribió en un programa de pacientes externos y dejó de beber. Solicitó asesoría vocacional y reencontró su deseo de ser enfermera –de maternidad, naturalmente–. Mientras una hija iniciaba sus estudios universitarios y la otra jardín de niños, Katie inició sus primeras clases básicas.

Hoy sigue aprendiendo cómo usar las corrientes para avanzar en nuevos cursos y en la dirección correcta. De esta manera hace el mapa de un territorio nuevo para ella y su familia. Su familia se queja con frecuencia y a veces tratan de que las cosas vuelvan a ser como antes. Después de todo, al principio, lo conocido parece la mejor opción. Pero Katie vio algo dorado en el horizonte y, como yo, arrió las velas hacia una playa lejana y se mantiene firme y con su enfoque fijo aun cuando las aguas se vuelven turbulentas. Si las aguas están tranquilas y todo se siente seguro sabe que la lucha vale la pena, pero también sabe que una aventura nueva espera un poco más adelante.

Algunos viernes, Katie dirige su barco hacia el mío. Tomamos a nuestros hijos y salimos todos juntos a cenar. Después los llevamos al parque a jugar mientras Katie y yo permanecemos sentadas tranquilamente juntas, charlando, riendo y soñando.

SARAH STOCKTON

Dos damas americanas

Casi tenía catorce años cuando, en el puerto de Bremen, Alemania, abordé el viejo buque de la armada, The General M.B. Stewart. Subí con mis abuelos y cientos de personas más, muchos de ellos húngaros como nosotros, que tuvimos la fortuna de sobrevivir a los campos de refugiados. La Segunda Guerra Mundial había destrozado nuestras vidas y nos había desplazado, haciéndonos refugiados. Nos dolían los brazos de todas las vacunas requeridas, pero nuestras esperanzas y sueños volaban alto cuando emprendimos el viaje a América.

Una vez a bordo del barco, las mujeres y los niños fueron llevados a un enorme espacio debajo de la cubierta, los hombres y los muchachos mayores a otro. Después nos asignaron lugares para dormir. Me tocó la litera de arriba y a la abuela la de abajo. El abuelo se fue con los hombres. Después de acomodar nuestras escasas pertenencias –un poco de ropa–, la abuela y yo nos reunimos con el abuelo en cubierta, donde sabíamos que nos estaba esperando.

Cuando el buque se hizo a la mar, las personas que estaban en la playa gritaban "Auf Wiedersehen" –hasta pronto– y muchas de las que estaban a bordo tenían los ojos llenos de lágrimas porque jamás volverían a ver el suelo natal. Recuerdo que estudié los rostros de mis abuelos; sus ojos llenos de lágrimas revelaban el agridulce sentimiento que compartía con ellos. Pero ahora nos enfilábamos hacia América, ¡donde las calles estaban pavimentadas con oro! El abuelo nos había explicado que, bueno, tal vez no oro real, sino de oportunidades doradas.

Habíamos oído mucho de América de boca de amigos y parientes que habían ido mucho antes que nosotros. Dos años antes de partir, empecé a estudiar inglés en la escuela del campo de refugiados, pero todavía lo hablaba bastante mal.

Tardamos diez días en cruzar el Atlántico, la mayor parte por un tormentoso mar que rugía. Mi abuela estuvo mareada casi todo el tiempo, yo hice nuevas amistades. Un joven americano llamado Dave que trabajaba en la enorme galera me dio mi primera Coca, un nuevo sabor delicioso. Después me preguntó a dónde iba en América.

—Voy a India —le dije tímidamente.

—Seguramente es Indiana, no India. In-di-a-na —me dijo sonriendo y subrayando la última parte y añadió—. Te gustará América.

—¿En América todo estará *okey dokey*? —dije sonriendo y empleando una nueva frase que le había aprendido a Dave.

La mayor parte de los niños del barco mataban las horas jugando algunos juegos y viendo películas de Roy Rogers en la enorme sala de juegos. También hubo mucha emoción. Un día, mientras una amiga y yo estábamos compartiendo una tumbona, una enorme ola chocó contra el barco, lanzado la silla al otro lado de la sala, llevándonos a nosotras y a todos los demás en su camino y provocando que nos tuviéramos que arrastrar en busca de seguridad. En el enorme comedor, muchas veces teníamos que sujetar nuestras bandejas con una mano mientras comíamos para impedir que se deslizaran por la mesa y se cayeran. En cubierta, con frecuencia veíamos delfines que jugaban en el agua, saltando por encima de las olas. A veces vimos pasar otros barcos como el de lujo The Queen Elizabeth que se dirigía a Europa lleno de pasajeros americanos. Cuando pasamos ante los Acantilados Blancos de Dover cantamos "There'll Be Blue Birds over the White Cliffs of Dover", que nos había enseñado alguien en el salón de juegos.

Después, una mañana antes del amanecer, la abuela me despertó.

—¡Corre, levántate cariño! ¡Las luces de Nueva York se pueden ver a la distancia! —me dijo emocionada.

Salté de mi litera y me vestí rápidamente; subimos a cubierta donde ya se habían reunido cientos de personas. El abuelo estaba esperándonos. Recuerdo que miré a la distancia, sintiéndome lentamente encantada por los miles de millones de luces que brillaban en el negro horizonte. Parecía una tierra de hadas. ¡Fue mi primera impresión de América!

—¡Ahí está! ¡Ahí está! ¡La Estatua de la Libertad! —gritó alguien entre la multitud.

Hipnotizada me concentré en tratar de ver a esa magnífica dama, saliendo del mar, sosteniendo erguida la antorcha. En el barco, desde donde yo la veía, parecía que mantenía la antorcha cada vez más arriba sobre la línea del horizonte de Nueva York. Me embargó la emoción y casi puede escuchar a la Señora Libertad que decía las palabras que había aprendido en la clase de inglés: "Dadme vuestras pobres masas cansadas, pobres y apesadumbradas que quieren respirar en libertad". Parecía que me estaba hablando directamente a mí. La visión está inscrita con tinta indeleble en mi memoria.

Más tarde entramos a la bahía mientras la "Star Spangled Banner" sonaba por los altavoces y nos explicaban que era el himno nacional de nuestro nuevo país. De nueva cuenta las lágrimas llenaron los ojos de los que íbamos a bordo.

¡Habíamos llegado a Estados Unidos!

Después de varias horas de trámites en la isla de Ellis, mis abuelos y yo finalmente fuimos entregados a la esposa de nuestro patrocinador, la señora Levin. Viajamos con ella en tren a nuestro destino, Indiana. En el largo camino en tren contesté sus preguntas en mi escaso inglés, dolorosamente consciente de mi mala condición. Pensé que era la mujer más bella y noble que jamás hubiera conocido.

La señora Levin nos ayudó a instalarnos en la pequeña casa que nos esperaba. A los pocos días, se detuvo con noticias para mí.

—Pronto irás a la escuela, así que iremos de compras mañana —dijo con una brillante sonrisa—. ¿Cuántos años dices que tienes?

—Dentro de dos meses cumpliré catorce —repuse.

—Bueno, pues estaba pensando que a una jovencita de casi catorce le gustaría deshacerse de sus trenzas de niña, así que mañana también iremos a un salón de belleza —dijo con una sonrisa tan generosa y brillante que sentí ganas de abrazarla.

Al día siguiente mi transformación empezó bajo su guía generosa. Me hicieron un corte de pelo muy moderno y ella me compró ropa y zapatos estadounidenses. Después me llevó a ver una película por primera vez, El padre de la novia; mi confianza adolescente recibió una inyección más cuando un par de muchachos me lanzaron "una mirada de admiración" a la entrada. Cuando menos eso fue lo que la señora Levin me dijo que estaban haciendo. Compartió conmigo mucha información y me ayudó, en otros sentidos, a que la tímida muchachita húngara se convirtiera en una joven mujer segura de sí misma.

Así, en un brillante día de septiembre de 1951 conocí a dos damas estadounidenses muy especiales que cambiaron mi vida: una que me dio la bienvenida a una tierra llena de promesas y la otra que me ayudó a descubrir la promesa que yo llevaba dentro y a abrirme camino en esta tierra dorada. Siempre recordaré la bondad de la señora Levin y la cálida bienvenida de la Señorita Libertad.

RENIE SZILAK BURGHARDT

Una probadita de cielo

Una noche, muy tarde, el alguacil acababa de salir y mi marido y yo estábamos tratando de afrontar nuestra peor pesadilla. Nuestro hijo Mike, que había conquistado su cuadriplegia convirtiéndose en un atleta de silla de ruedas, había muerto. Hice acopio de fuerzas para realizar las llamadas telefónicas necesarias. Me sentía asfixiada, con un nudo en la garganta que prácticamente me impedía hablar.

Marqué el teléfono de mi amiga Elaine, que había querido a Mike casi tanto como nosotros. Cuando le di la terrible noticia, no rompió en llanto, ni siquiera preguntó qué había ocurrido. Lo primero que dijo fue: "¿En qué puedo ayudar?"

No era la primera vez que, ante una crisis, acudía a ella. Años antes le había llamado para contarle de un embarazo inesperado en la familia. Cuando exclamó que era una noticia estupenda, me sacó de mi desesperación. En un segundo sus palabras cambiaron mi perspectiva. De inmediato vi que el prospecto de una vida nueva, independientemente de las circunstancias, era motivo de fiesta y no de lágrimas.

Así son las cosas con Elaine. Es mi amiga y asesora, la que me apoya y siempre está ahí, en todo momento, en las buenas y en las malas.

Conocí a Elaine hace veintiséis años, cuando me acababa de casar y era la nerviosa madrastra de cuatro niños, dos de ellos rebeldes adolescentes. Elaine había superado tres adolescencias y se convirtió en mi animadora personal, siempre brindándome aliento y buenos consejos. Cuando luchaba contra el sentimiento de que yo no era adecuada para mi papel, ella bromeaba conmigo y me distraía de esa sensación.

—Los adolescentes son criaturas difíciles —decía—. En lo personal, pienso que deberían ser enterrados en arena hasta la cabeza y ahí habría que darles agua y alimento para desenterrarlos cuando lleguen a la madurez.

En los primeros diez años de nuestra amistad discutíamos. Nuestras posiciones políticas eran totalmente contrarias entonces y lo son ahora. Yo soy demócrata. Ella es republicana a morir. Diferimos en cuestiones religiosas y tenemos formas distintas de afrontar los problemas. Sin embargo, con el tiempo, nuestras diferencias se han borrado. Ahora bien, cuando hemos luchado contra decepciones y enfermedades, sabemos que podemos depender una de la otra. Así, acompañarnos y reírnos juntas es el salvavidas que nos mantiene a flote en el mar de problemas diarios.

Es difícil no reír con Elaine. La mujer es un imán de cosas extrañas. Hace años, un muchachito la siguió a casa desde un restaurante porque le gustó la forma en que llevaba pintadas las uñas de los pies. Su marido, si bien molesto, no estaba asombrado en absoluto. A su mujer le ocurren cosas muy raras.

Una mañana llevaba a los niños al colegio en bata de casa, dejó caer un cigarrillo (entonces fumaba) y se prendió fuego. Tuvo que saltar del auto y quitarse el camisón para salvarse. Vivió una experiencia similar la noche que llamó a los paramédicos porque pensó que su marido estaba sufriendo un infarto. Marcó el número de urgencias, bajó corriendo a abrir la puerta, después subió volada a ver a su marido y a cambiarse de ropa. Acababa de sacarse el camisón por la cabeza cuando, atónita, vio a un paramédico de pie en la puerta. Ella y su marido se recuperaron, pero ella todavía gruñe cuando se acuerda.

Las dos, como casi todas las mujeres de nuestra edad, hemos perdido a nuestras madres. Mamá murió hace muchos años, la madre de Elaine ha caído en el mundo gris del Alzheimer. Sin darnos cuenta, Elaine y yo nos hemos convertido en nuestras madres. Hacemos todas las pequeñas cosas que nuestras madres habrían hecho para consolarnos. Como sólo pueden hacerlo las mujeres, entendemos la desesperación de envejecer, entendemos que probarse un traje de baño bajo una luz fluorescente puede ser algo devastador, que las manchas de edad te hacen sentir fea. Cuando me quejo de las indignidades que descubro en el espejo, ella siempre me supera.

–Tengo patas de gallo del tamaño de las huellas del Pájaro Abelardo –dice de broma–. No te quejes de tus arrugas. Lo importante es que seguimos de este lado de la tierra.

Debido a buenas experiencias, he aprendido a confiar en sus consejos. En 1984, mi marido y yo estábamos muertos de ilusión pensando comprar una casa de ensueño con la que nos habíamos topado. Era muy cara y yo tenía mucho miedo de contraer esa deuda.

–La vida es corta –me dijo–. Nunca sabemos qué nos espera a la vuelta de la esquina. Lánzate.

Compramos la casa, un escondite perfecto en un bello lago, y ha sido fuente permanente de alegría para toda la familia. Después de casarnos, mi marido y yo estamos de acuerdo en que es la mejor decisión que hayamos tomado jamás.

De vez en cuando, mi amiga me pone los pies en la realidad cuando me angustio demasiado por cosas triviales. Me recuerda que sólo soy humana y que está bien ser frívola.

Hace poco la llamé cuando padecí un ataque de locura temporal.

–He hecho la cosa más estúpida del mundo –le dije en tono chillón–. He comprado una mermeladera gigantesca con dos monos sosteniendo una concha. Ni siquiera es majólica auténtica y me costó muchísimo. ¿En qué estaba pensando?

–Deja de azotarte –repuso–, ver esos monos te hará sonreír todos los días. ¿Quién puede poner precio a eso?

Pero Elaine ha hecho más que darme aliento. Ha sido mi inspiración. Con su espíritu generoso y dedicación inquebrantable para hacer el bien, se ha convertido en mi patrón a seguir. Sus respuestas a los necesitados son instintivas y generosas, sea un viejo que está empacando artículos en el supermercado o un niño que no tiene para comprar libros. Vive conforme a sus principios bíblicos. Cuando tengo el reto de caminar un kilómetro extra, pienso en mi amiga y lo hago.

Asombrosamente, Elaine me necesita tanto como yo a ella. Este es un momento difícil en su vida. Su marido padece una enfermedad pulmonar incurable y tres de sus hijos tienen enfermedades que han puesto en peligro su vida. Cuando menos dos veces al día va al asilo a cuidar a su madre, aun cuando su propia salud no es buena. Sabiendo la tensión que aguanta, su hermano, que vive en otro estado, le preguntó cómo podía seguir funcionado.

—Tengo una buena amiga que me quiere con todo y verrugas y que nunca me decepcionará —dijo.

Fue el mejor halago que yo haya recibido jamás.

ROCHELLE LYON

Esos pequeños detalles

Todas las noches, mi madre lee el periódico metida en la cama. En la tranquilidad de su habitación, recostada sobre las almohadas y con las gafas colgando de la punta de la nariz para leerlo, produce un agradable crujido cuando pasa las hojas o dobla las secciones. Pienso que éste ha sido su ritual desde siempre, pero no estoy del todo segura.

Hoy se ha quedado a dormir en mi casa, en la cama de mi hijo, y está leyendo mi periódico, que no es el mismo que acostumbra. Encuentra que algo interesante y recorta un artículo de la sección de salud y condición física que habla de la fuerza de los arándanos para combatir las bacterias nocivas del sistema digestivo.

Mientras lee, entro y salgo de la habitación, haciendo más viajes de los necesarios al armario de mi hijo, en busca de ropa interior limpia y libros de la estantería mientras preparo a los niños para la cama. La verdad sea dicha, sólo quiero oír el crujido, ver sus zapatillas de satén rosa con sus lacitos en el suelo junto a su maleta, oler el aroma de su crema de noche, tan fuera de lugar en la decoración de la habitación de dinosaurios y estrellas de beisbol.

Ha venido ha inyectarme una dosis de consuelo y compañía en medio de un periodo de cinco días en que mi marido viajará por negocios, y se lo agradezco desde la médula de mis huesos.

Se lo agradezco cuando me levanto por enésima vez de la mesa a la hora de cenar, una cena que ella ha preparado, para buscar un artículo crítico para mi hija de tres años, la salsa de tomate, el tenedor de puntitos, no el otro tenedor de puntitos, más jugo de manzana.

Agradezco que cargue la lavavajillas mientras tomo la llamada de mi marido desde Chicago, que es lo bastante gentil para no mencionar el piano bar que él y sus esforzados colegas piensan visitar después de cenar en un buen restaurante. (Me entero de estas cosas cuando ha vuelto a casa y sólo si pregunto. Es un hombre sabio.)

Agradezco cuando amablemente acepta jugar cuatro partidas rápidas de Clue Junior con mi hijo de siete años después de cenar, mientras discretamente se ocupa de alguna cosa nimia en su habitación y yo trato de manejar la fatiga que un berrinche le ha provocado a mi pelirroja hija. (Al escribir estas líneas me pregunto: ¿A quién fatigó el berrinche, a mi hija o a mí?)

—Éstos son años preciosos para ti, pero te pueden agotar en un instante, ¿verdad? —dice comprensiva cuando finalmente tenemos un momento para charlar. Yo acostada un rato junto a ella en la cama, siendo hija en vez de mamá.

—Tú manejaste cuatro —digo admirada, mientras miro al techo.

—Ah, pero estaban más distanciados. Los grandes me ayudaban.

Esto es una verdad a medias. Mis hermanos tenían siete, ocho y doce años cuando yo nací. Y papá estaba trabajando todo el día, sacando su título por las noches, gracias al decreto que daba facilidades a los combatientes de la Segunda Guerra, con otros infantes inquietos. (Una vez me contó que durante cuatro años planchó dos camisas de vestir blancas al día, una para el trabajo y otra para la escuela nocturna de papá.) Sólo está siendo amable.

Ahueco la almohada de pluma de ganso bajo mi cabeza y pienso en lo que siempre pienso cuando mi marido viaja y yo manejo la casa y a la familia sola, o sea, en los padres solos y en cómo se las arreglan para hacer todo todos los días, todas las noches y todos los fines de semana.

—Me alegra que estés aquí esta noche —digo y le aprieto la mano.

—Me encanta estar aquí —me regresa el apretón.

En la mañana le llevo una taza de café humeante a la cama. Lo disfruta como néctar de los dioses.

—¿Sabes cuánto tiempo ha pasado desde que alguien me llevó una taza de café a la cama? —Suspira y da el primer trago con placer.

—Pensé que papá siempre te llevaba café a la cama —comento asombrada.

—No. No sabe manejar la nueva cafetera.

—Éste es el hombre que a los setenta y pocos años aprendió a manejar su computadora, con todo y modem —digo con gesto de extrañeza.

Sacudimos las cabezas y nos reímos en la luz gris de la mañana. Entonces salgo disparada al escuchar la voz de mi hija bajar por la escalera y la encuentro estirándose y cantando "Old McDonald".

A la mañana siguiente mamá y yo hablamos por teléfono. Ella ha vuelto a su casa, está plantando bulbos de tulipanes y haciendo sopa de verdura con caldo de pollo. Le cuento mi día detalle a detalle. Ella dice "Mm..." y "Ts..." en los lugares justos.

—Gracias por pasar aquí la noche, mamá —le digo antes de colgar.

—Gracias por llevarme café a la cama —contesta, y lo dice de corazón.

MARSHA MCGREGOR

Gran mujercita

Acababa de servirme una taza de café y me había dejado caer sobre una de las sillas de la mesa de la cocina. Mis hijas Carla y Elaine Marie se habían ido a la escuela y mi marido Carl al trabajo. Cada mañana, la escena boscosa de Caney Mountain adquiría vida cuando el sol salía por la ladera, persiguiendo la oscuridad con el tono rojizo de una frambuesa. Siempre me tomaba un tiempo para disfrutar el espectáculo antes de iniciar los quehaceres diarios de nuestra pequeña granja.

Entonces lo vi. Una columna de humo grueso y negro cubría el cielo de Caney Mountain. En la bruma de la temprana mañana, las chispas saltaban de las puntas de los árboles.

—¡La casa de la señorita Natalie se está incendiando!

Sentí pánico. Tragué el café de un sorbo, derramando un poco sobre el suelo, y salí volando por la puerta. Corrí ladera abajo pasando de largo al ganado de ojos grandes. Viéndome venir, se habían formado como soldados en revista. Pasé como puede por la alambrada de púas y galopé por el camino que serpenteaba por el valle.

—¡No hay tiempo para tomar la carretera! —Me faltaba el aire pero me lancé al bosque que conducía justo hasta la casa de la señorita Natalie. Pensé que la pobre señorita probablemente seguía dormida, que el humo había invadido todo porque, desde ahí, el cielo entero lucía negro.

Con el laurel de montaña acariciándome la cara, las espinas de las moreras arañándome los brazos y rasgándome la ropa, acelerando el paso, pensé que casi había llegado. El humo aumentaba ocultando mi visibilidad. De repente, un rugido que rompía los tímpanos vibró entre las sombras del hollín. Me detuve en seco y miré. La señorita Natalie estaba serrando un pino enorme para hacer leños para su estufa. Más arriba, en la colina, un montón de arbustos se estaba quemando. Boquiabierta miré, demasiado aliviada como para sentir las piernas igual que ligas y con el corazón latiendo en los oídos.

En ese momento, la señorita Natalie notó mi lastimosa figura y saltó.

—¡Cielos Joyce, me asustaste! —dijo asombrada—. ¿Estás bien? Te ves fatal. ¿Por qué vienes en bata y pijama?

—Yo, pues... pensé, ah... —me detuve, tomé aire y dije— ¡Pensé que tu casa se estaba incendiando!

—¡Cielos no! —rió levemente—. Sólo estoy quemando un poco de maleza. ¿Qué te parece mi nueva sierra eléctrica? La compré para cortar algunos de estos viejos pinos. El bosque tiene demasiados, ¿no crees?

—Sí, creo que sí —mi cara congestionada empezaba a enfriarse y los latidos de mi corazón a disminuir. Lancé los brazos hacia arriba y emprendí el camino a casa, tropezándome con maderos caídos que seguramente había saltado cuando corrí hacia arriba. Obligué a mis indispuestas piernas a llevarme de regreso por el camino y colina arriba. La sierra mecánica rugió otra vez.

—¡El asunto no me incumbía! —susurré a Sweet Pea, nuestra vaca lechera, que todavía estaba arraigada al suelo papando moscas— ¡Ven al granero vieja bruja! ¡Te tengo que ordeñar ya!

La leche caliente cayó en la cubeta. "¡Una sierra de motor a su edad! ¡Sesenta y ocho, por decir algo, o tal vez setenta!", me escuché decir en el flanco de Sweet Pea, tratando de relajarme.

En realidad no debía sorprenderme. Carl, que ha conocido a la señorita Natalie toda su vida, toma a broma su naturaleza alocada y tempestuosa. Para quienes no la conocen bien, es una viejecilla frágil con alas de ángel que puede convencer a cualquiera de que salte en bungee desde una nube. Para mí, es una fuente inagotable de sorpresas.

Los vecinos de la señorita Natalie la adoran, a pesar de que dos de ellos tuvieron que luchar por introducir una estufa de hierro de 150 kilos en su pequeña casa, que otros tuvieron que instalar su nuevo fregadero y que el pobre Greg tuvo que cargar su órgano nuevo desde la caja del camión hasta el porche, para después pasarlo por la puerta.

—Buen muchacho —comentó ella—. En esta comunidad hay buenos vecinos. Me enorgullece vivir aquí.

Carl y yo habíamos decidido construir nuestra propia casa cuando nos enteramos de la cantidad de intereses que tendríamos que pagar sobre un préstamo.

—Bien —dijo la señorita Natalie—, yo les ayudaré.

Dos días antes de que empezáramos a construir, su Jeep rojo llegó saltando por el camino y derrapando se detuvo de repente, justo antes de los tablones de la valla y de Roho, el gallo consentido de los niños.

—¿Por dónde empiezo? —preguntó colocándose un delantal de Harris Hardware y tomando su martillo preferido de mango azul. La señorita Natalie martilló, serró, lijó, peló troncos y aplanó maderos todos los días. Cuando había menos trabajo, entonces barría el aserrín y quemaba la basura.

—Tú sigue adelante, Joyce, y haz otra cosa. Yo me encargaré de esto —dijo cuando llegó la hora de terminar la cocina. Dos días después había cortado y clavado más de cien tablones de abeto de cuatro pulgadas.

Una mañana yo estaba apilando madera cuando el rostro de la señorita Natalie apareció por la orilla del tejado, detrás de sus gafas, a cuarenta pies de altura.

—Pásame esos rieles del techo — Joyce —, necesito llenar mi delantal.

—Ni loca que estuviera —dije sin aliento y mareándome de tan sólo ver hacia arriba.

Carl cargó sobre sus hombros la caja de clavos y trepó por la escalera. Juntos colocaron fila tras fila de tejas. En dos días, el trabajo estaba terminado. La señorita Natalie clavó la última.

—¡Se acabó! —declaró.

Un fuego brillaba en el hogar de la chimenea de nuestra casa nueva. La señorita Natalie y yo descansábamos en un cómodo silencio, pero me daba cuenta de los remolinos que giraban en su mente.

—¿Piensas que Carl me podría conseguir una vaca? ¿Una pequeña Jersey? Dan mucha crema y yo haría mantequilla. Construiré un pequeño granero y quitaré algo de maleza para poner un alambrado eléctrico.

—¿Una vaca? —dije mirándola con asombro. ¡Cuándo dejaría de sorprenderme!

—¡Vaca! —gritó Carl cuando se enteró— ¿Cómo podrá ordeñar una vaca con sus manos artríticas?

—Se las arreglará —afirmé—. Siempre lo hace.

—Pues creo que sí —dijo él.

—Todavía tiene el espíritu explorador —comenté.

—¡Mmm...! ¡Lo único que necesita es un mosquete y un gorro de piel de mapache!

¡Bang, bang! Sonaron los tiros de un rifle haciendo eco en el valle.

—¡Ay! ¿Y ahora qué?

Terminé de colgar la ropa en la cuerda y corrí a contestar el teléfono.

—Joyce, ¿quiere venir a comer?

—No me diga... ¿es temporada de ardillas?

—Así es. Jugosas y gordas.

—Me encantaría —dije—. ¿Se puso su gorra de piel de mapache?

—¿Cómo?

—Olvídese. No tardo. Gracias.

La ardilla frita estaba deliciosa. Al ver a la señorita Natalie revolotear por la cocina lanzando las cosas sobre la mesa entendí por qué la quieren tanto los jóvenes. Mientras otras personas de su edad se vuelven viejas, la señorita Natalie sigue siendo joven.

Mi marido, mis dos hijos y yo nos pusimos apresuradamente nuestras mejores ropas un domingo por la mañana y nos fuimos a la iglesia. Cuando bajábamos por el camino de casa, vimos a la señorita

Natalie y estiramos el cuello para ver por el parabrisas cómo nos pasaba en su coche, envuelto por una nube de polvo. Su nuevo Buick con sus elegantes asientos cubiertos de piel de borrego pasó zumbando, era poco más que una raya roja contra el pavimento gris.

–¡Vaya transformación! –dije–. Los domingos deja todo su trabajo, se viste como la Reina de Saba, se pone sus joyas y se maquilla.

–Quiero ser como ella cuando sea grande –declaró Carla en el asiento trasero.

–¡Yo también! dijo con voz tipluda la pequeña Elaine Marie.

Entendí por qué. Ella derrama esperanza y asombro, y encuentra secretos por todas partes. Su patio está pleno de una variedad profusa de flores. La mujer es granja, tierra y trabajo. Tiene la cabeza llena hasta el tope de conocimientos de hierbas y curaciones, de sabiduría nacida de la comunicación con la Creación. También pinta algunas acuarelas y volaría con este arte si tuviera un ápice de paciencia.

La Biblia dice que el Señor sonríe y envía su luz a ciertas personas. Pienso que cuando Él observa a la señorita Natalie se ríe a carcajadas. El cielo sabe que ella sólo le hace caso a Dios Todopoderoso. Una estrella guía su camino y tiene una fe más alta que la cima de Caney y que llega derecho hasta el cielo.

Escribo este relato sobre mi suegra, Natalie Matilda Barnett ("abuelita" para las niñas), y me pregunto si debería cambiar los nombres y los lugares. Los vecinos están empezando a sentir curiosidad por la identidad de la viejecita que lleva un pantalón corto, tenis Nike y lentes de sol, esa que baja velozmente por el camino en una llamativa bicicleta nueva de diez velocidades. Es roja.

–Nosotros tenemos una idea de quién es– declaramos.

JOYCE LANCE BARNETT

Emprender el vuelo

El cielo estaba muy claro junto a la nieve que desaparecía, dando lugar al aroma dulce de la primavera. En lo alto, una parvada de gansos volvía a casa. Mirando desde su asiento en el auto, mi hija de cuatro años estudiaba los gansos con gran curiosidad.

−¿La mamá ganso se pone triste cuando sus bebés crecen y se van? −preguntó con la sabiduría del niño que asombra al padre.

La precocidad de esta niñita de mejillas regordetas y enormes ojos café que me miraba por el espejo retrovisor me tomó por sorpresa. A los cuarenta años estaba en la cúspide de la edad mediana, y el tiempo se había convertido en un bien inapreciable. Había repasado mentalmente la lista de cosas que teníamos que hacer esa tarde, calculando las pocas horas que faltaban antes de que la campana mágica del reloj marcara la hora de acostar a los niños y de que empezara mi libertad. Con su sencilla pregunta me di cuenta de que el tiempo se estaba agotando para esta singular relación que hasta entonces había dado por sentada. Rápido, demasiado rápido, correr a la tintorería, detenerme en la tienda de artículos de oficina, lanzarme al centro comercial, ojear libros −donde canjeaba un libro nuevo de recortar por un rato en las mesas de libros de ficción para adultos− se convertiría en ronda de uno.

Suspiré ante el desolado panorama por venir. Después de todo, es la más pequeña de mis hijas y será la última en acompañarme a la tienda de abarrotes, en pedir una galleta a una cajera amable o en poner a prueba mi paciencia con las terribles palabras "mamá, quiero ir al baño", a las que yo contestaba gritando: "¿Ahora?", viendo nuestras compras colocadas ya en la banda transportadora, esperando la autorización del cheque de la persona que iba delante. Las cabezas voltearían a mirar a la mujer de mediana edad que cargaba a su pequeña como un balón de futbol mientras corría las cien yardas que atravesaban la tienda hasta el baño de señoras. Después, la mujer gemiría, preguntándose cuándo terminará este día, al volver agotada y encontrar que el administrador ha vuelto a colocar en las alacenas los abarrotes abandonados.

El día que los gansos llamaron su atención íbamos en camino a ese mismo mercado y yo no quería que el día acabara. Lo admito: es una proposición unilateral. Ella va donde yo voy, hace lo que yo hago, sin tener mucha voz en el asunto. Pero siempre gana la partida. ¿Quién, si no, haría línea en la oficina de correos durante media hora con la única promesa de una paleta? Somos dos, ella y yo, reconocidas como tal en los lugares por donde vagamos. Después de todo, ¿qué habría sido Laurel sin Hardy? ¿Batman sin Robin? ¿Winnie sin Piglet? Sentí un nudo en la garganta.

—Mamá —dijo—, no contestaste mi pregunta.

Mi mirada siguió a las aves que desaparecían por el horizonte. Tal vez su alegría estaba en ver cómo sus crías aprendían a volar, sabiendo que habían compartido esas lecciones juntas. Nosotras también compartiríamos experiencias nuevas con cada temporada que pasara. Ella también se volvería independiente, viajaría por el espacio que le fuera dado.

—La mamá pájaro se siente orgullosa de sus hijos —contesté—. ¿Qué te parece si paramos en Blockbuster?

Por encima de mi hombro la vi sonreír en el asiento de atrás, y en silencio rogué al cielo que, en años futuros, cuando hubiera abandonado el nido, yo recordara este momento. Algún día la soltaría al mundo y ella podría volar lejos de mí. Pero, por ahora, seguimos siendo el dúo dinámico.

TRACY WILLIAMS

Especial del día de San Valentín

Cuando abrí la puerta de la tienda sonó una campanilla que colgaba del marco anunciando mi entrada. Ya en el interior, respiré hondo para disfrutar el aroma de una mezcla de rosas y lavanda.

Después, casi al compás de la pieza clásica de clavicordio que salía muy bajito de un estéreo, caminé hacia el fondo de la tienda, pasando por vestidos rebajados y filas de vaqueros, suéteres y vestidos de segunda. Me detuve a mirar una vitrina de cedro y vidrio llena de collares y aretes antiguos.

Al final estaba la "sala de espera", repleta de antigüedades victorianas, entre ellas, un canapé de terciopelo borgoña, mecedoras de madera, tapetes tejidos a mano, carpetitas de encaje, además de unos helechos que adornaban el lugar.

En el muro del fondo había un perchero abigarrado de vestidos de novia.

Yo, esa mujer de treinta y tantos años que había vuelto a la universidad después de mi divorcio, me encontraba ahí, sin dinero para comprar un vestido nuevo para mi segunda boda. A pesar de esto lo dudé un rato largo, porque la idea de que otras personas se hubieran casado con estos vestidos no me resultaba nada atractiva.

Por fin decidí que no me pasaría nada por ver los vestidos de segunda mano.

De cualquier manera, ¿qué estaba haciendo ahí? Era un día entre semana y, además, día de San Valentín. Todos los días, cuando iba y venía de la universidad, pasaba en mi auto por esa tienda y, en realidad, no sabía qué me había llevado a detenerme, esa tarde, en Reflejos del Pasado.

Randy y yo pensábamos casarnos en cuatro meses, cuando termináramos nuestros estudios universitarios. Sin embargo, cuando me dirigí hacia los vestidos, en lugar de sentirme feliz, me sentí sola. Cómo no, si era el día de San Valentín y Randy estaba a 30 kilómetros de distancia, asistiendo a clases en otra universidad. Cuando me divorcié de mi primer marido estaba segura de que jamás me volvería a casar, hasta que conocí a Randy. Ahora estábamos comprometidos.

Claro que teníamos muchas ganas de que llegara el día de la boda, pero entre los dos no juntábamos mucho dinero. Los gastos diarios, la colegiatura de la universidad, los libros, los materiales y demás se habían encargado de que así fuera. Incluso nuestros pequeños autos, cada uno con 150 mil kilómetros, confirmaban que apenas teníamos para irla pasando.

Con frecuencia bromeaba con Randy diciéndole que, cuando menos, podía estar seguro de que no me casaba con él por dinero. Yo ya me había hecho a la idea de comprar un vestido práctico, uno que pudiera usar en otras ocasiones, como había hecho en mi primera boda.

—No me importa qué te pongas —decía Randy siempre que me lamentaba porque no tendría un "verdadero" vestido de novia—. Para mí serás la novia más bonita del mundo, incluso si llegaras metida en un costal con hoyos para sacar la cabeza y los brazos.

Cuando empecé a recorrer los vestidos, me volví a decir que un verdadero vestido de novia no era tan importante y que, de cualquier manera, no quería usar uno de segunda mano. Sin embargo, mi decepción creció al ver que ninguno de los vestidos era de mi talla. Uno talla 18 me serviría si, de repente, subiera un montón de kilos, pero no había sido talla 5 desde el séptimo grado... y quién sabe si entonces.

—¿La puedo ayudar en algo? —preguntó una voz a mis espaldas. Era la dueña de la tienda.

—Bueno —dije—, en realidad no veo nada aquí...

—¡Ah! ¡Qué lástima! —Hizo una pausa, como concentrándose en

sus pensamientos–. ¡Un momento! En la trastienda tengo otro que acabo recibir hoy. Ni siquiera sé en qué condiciones está.

Desapareció sin esperar una respuesta. Unos minutos después volvió, luchando por evitar que el vestido blanco tocara el suelo. Noté en seguida que el vestido tenía demasiado encaje y demasiados holanes para mi gusto. La mujer lo colocó sobre el canapé de terciopelo borgoña.

–Está en magnífico estado –comentó mientras pasaba sus dedos por el encaje–. Es talla 12. ¿Le queda?

En realidad yo no quería probarme el vestido, pero me fui con él al probador. La mujer sólo estaba tratando de ser amable y yo no quería ser grosera.

Me metí el vestido por la cabeza y luché por cerrar el largo cierre que tenía en la espalda. Cuando me di la vuelta para verme en el espejo de cuerpo entero, la imagen confirmó mi primera reacción. Un enorme holán de satén y unas mangas ridículamente abombadas dominaban el torso de mi cuerpo, mientras que los pliegues de encaje colgaban pegándose a mis piernas.

–Tenga –dijo la mujer mientras metía una crinolina por abajo de la puerta del probador–, necesita este fondo.

¿Una crinolina? ¿Quién usa eso todavía?

Volví a luchar con el vestido, peleándome con la tela hasta que el fondo quedó en su lugar y pude acomodar toda la falda encima de él.

Me miré en el epejo nuevamente. Esponjadas filas de holanes de encaje caían suavemente en cascada hasta el suelo. Ahora que la falda había tomado su debida proporción, lucía equilibrada con las mangas abombadas y el holán de satén alrededor del escote, produciendo una cintura que me daba un aire de Scarlett O'Hara. Pensé en jardines de rosas y parasoles.

Después me vi caminando por el largo pasillo de la pequeña iglesia del pueblo junto al lago donde sería la boda. La iglesia se llamaba, correctamente, Corazón de la Pradera y fue construida por inmigrantes noruegos en el siglo XIX. Yo, separada de mis raíces y viviendo a setenta kilómetros del lugar donde crecí, en el centro oeste de Wisconsin, me sentía ligada a esa pequeña iglesia de piedra y a las personas que la edificaron hacía muchos años. Mis abuelos y mis bis-abuelos fueron inmigrantes noruegos. El vestido de novia luciría des-lumbrante contra el fondo de gruesa madera brillante y los brazos de los candelabros de hierro forjado que tenían las lámparas de aceite, porque la iglesia seguía iluminada como cuando ellos asistían ahí a sus servicios.

Sin embargo, me molestaba la idea de que otra mujer se hubiera casado con este vestido.

—Salga para que nosotras la veamos —dijo la dueña de la tienda.

Me pregunté quiénes serían "nosotras" y salí del probador. Había una pequeña multitud: la dueña de la tienda, una empleada, tres clien-tas y una niña con una larga cabellera rizada.

—¡Ay!... ¡Te queda pintado!

—Serás toda una novia con ese vestido.

—¡Le queda como si se lo hubieran hecho a la medida!

—¿Mamá puedo usar un vestido así cuando sea mayor?

—¿Te gusta? —preguntó la dueña de la tienda—. Creo que el vestido tiene como veinte años, pero está perfectamente conservado.

—Es un vestido realmente precioso —dije—, pero no puedo ni quie-ro ponerme un vestido usado. Y no es tanto que esté usado, sino que se lo puso alguien que ni siquiera conozco. Si fuera de mi madre o de mi hermana...

Mientras mi voz seguía hablando, la empleada y la dueña se mira-ron. La dueña metió la mano en su bolsa y sacó un trozo de papel que había encontrado. Sujeta con un alfiler, al final de la bolsa que cubría la prenda, había una nota: "Nunca fue usado".

—No conocemos las circunstancias exactas —dijo la dueña.

—La boda seguramente fue cancelada después de que la novia había ordenado y se había probado el vestido —añadió la empleada.

Me tomó cinco segundos decidir que compraría el vestido. Su precio era, probablemente, como la quinta parte de lo que costaba un vestido nuevo en una tienda de novias.

—¡Feliz día de san Valentín! —dijo la dueña cuando iba saliendo.

—Gracias.

—No olvide traernos unas fotos de su boda —añadió la empleada—, nos encantaría verla.

—Lo prometo —contesté.

Me dirigí hacia mi auto con muchísimas ganas de llegar a casa y llamar a Randy. Sabía qué le iba a decir exactamente: "Cariño, nunca adivinarás qué encontré, pero, después de todo, no me usaré el costal".

LeAnn R. Ralph

Ojos de lince

Cuando tenía cinco años, mamá me despertó una pegajosa noche de verano.

—Quiero enseñarte algo —susurró.

Hizo a un lado el pelo húmedo que cubría mis ojos y cargó mi cuerpo inerte, sacándolo del nido de sábanas empapadas por sudor. Descansé mi mejilla en su hombro, clavando mi rostro en su bata azul afelpada. Me cargó por toda la casa hasta salir al patio por la puerta de atrás. Se sentó en un sillón verde césped y me arrulló en su regazo, envolviéndonos a las dos con una manta tejida para protegernos contra los mosquitos.

—Mira —dijo señalando al cielo.

Me restregué los ojos y miré. Al principio sólo vi las constelaciones, cuyos nombres me había enseñado: Orión el Cazador, la Osa Mayor, la Osa Menor. Después vi lo que estaba señalando, eran decenas de estrellas que caían del cielo con una cauda brillante. Miré boquiabierta, preguntándome si todas las estrellas desaparecerían para siempre.

—Es una lluvia de meteoros —dijo mamá, explicándome que eran pedazos de roca que estaban mucho más próximos a la Tierra que las estrellas.

—¿Chocarán contra nosotros? —pregunté mientras me protegía la cabeza con los brazos.

—No —dijo—, pero es bonito verlo, ¿o no? —Asentí con la cabeza y seguí mirando el espectáculo de luz. Empecé a sentir que los párpados me pesaban mucho y caí dormida entre sus brazos. Me desperté un instante cuando depositó mi cabeza en la almohada y me dio un beso en la frente.

Mamá nunca dejaba de hacer distintas cosas para enseñarme algo. Yo era la única niña de mi grupo de párvulos que distinguía un gorrión de un estornino, un pensamiento de una petunia. Con ella, cada viaje en auto era una aventura. Las hierbas se convertían en flores silvestres, las nubes eran masas de cúmulos y las sombras que se movían entre los árboles se convertían en venados. Cuando yo era la primera en detectar un tejón corriendo hacia los arbustos al lado del camino, me decía que tenía ojos de lince.

A los trece años, mis ojos de lince se dirigieron a mi interior. Me sentaba en el asiento trasero del auto cubriéndome las orejas con auriculares y fingía que mamá era mi chofer. Me interesaba más el ruido de mi música y el acné de mi rostro que las estrellas y los tejones.

Ella me invitó a salir una noche para que viéramos un eclipse lunar, pero esa vez no me tuvo que despertar.

Miré el círculo entintado sobrepuesto encima de la luna y dije, secamente: "qué bonito".

—¿No te parece hermoso? —y me pasó los binoculares. Aparentemente no notó mi sarcasmo.

En esa época, ella mostraba cosas a otros niños. Su salón de primer grado estaba lleno de nidos, huesos, hojas y conchas. Una noche de invierno yo preparé la cena para mi padre mientras mamá estaba en la escuela dirigiendo su Fiesta anual para ver las estrellas. Para mí era como si la viera ahí afuera, en el césped congelado de su patio, de pie al lado de sus alumnos y de los padres de sus alumnos, enseñándoles: Orión el Cazador, la Osa Mayor, la Osa Menor. Después entrarían todos al salón de clases a beber chocolate caliente y comer galletas.

Cuando llegó a casa, su rostro estaba enrojecido. Yo estaba en el fregadero de la cocina, con los brazos metidos en jabón hasta los codos. Me preguntó si había visto el cielo.

—No, he estado lavando platos y ahora tengo que hacer mi tarea.

Me dijo adiós con un trapo para secar los platos, metió sus manos en el agua hirviendo y talló una sartén.

—Si puedes, echa una miradita, la noche está muy clara.

Subí corriendo a mi cuarto y miré, pero dirigiendo mis ojos de lince a los libros de texto regados sobre mi cama.

Una noche de verano, cuando tenía veintiséis años, recibí una llamada de mamá.

—¡Tienes que verlo! ¡Es increíble! Además, nunca en la vida podremos ver otro cometa tan cerca de nosotros.

Le dije que, donde yo vivía, no se veían las estrellas, que el cielo nocturno de Los Ángeles era naranja.

—Bueno, aquí las noches siguen siendo claras y oscuras —suspiró—. ¿Por qué no vienes a pasar el fin de semana?

Le dije que no podía ir, que tenía demasiado trabajo. Mis ojos de lince estaban ocupados editando artículos de revista. Tenía que suprimir todas las comas innecesarias y todos los participios mal usados que encontrara. No podía darme el lujo de pasar la noche buscando cometas en el cielo. Cuando colgué el teléfono me sentí mal de no ver algo que ella se había tomado la molestia de avisarme.

Dos noches después, mi marido y yo habíamos salido del cine y mientras caminábamos hacia el auto envueltos por un aire fresco y salado, levanté la vista y vi unas cuantas estrellas. Una de ellas me parecía borrosa y me quité las gafas pensando que estaban sucias, pero no era así. Me di cuenta qué veía.

—¡Mira —jalé a mi marido del brazo—, es el cometa!

A lo largo de todo el trayecto a casa fuimos mirando por las ventanas del auto. Descansé mi mejilla contra el vidrio frío y me pregunté si mamá también lo estaría viendo. Me moría de ganas por llegar a casa y contarle lo ocurrido.

Ahora mi madre es vieja. Vive en un asilo y no puede oír mi voz a menos que le grite directamente en el oído izquierdo. Cuando la visito, le pregunto si quiere salir a ver las estrellas. Asiente con la cabeza. Yo la ayudo a subir a su silla de ruedas y la cubro con varias mantas para que no pase frío. Empujo la silla hasta el patio y le enseño las constelaciones, cuyos nombres aprendí hace tanto tiempo: Orión el Cazador, la Osa Mayor, la Osa Menor. Su deforme dedo índice tiembla, pero sus ojos de lince saben exactamente hacia dónde mirar.

MADALEINE LAIRD

Un final feliz

Todos los verdaderos cuentos de hadas empiezan diciendo "Había una vez...", y así debe empezar el relato de esta historia de amor que inició hace más de veinte años.

Una escritora de Oregon conoció a un médico de Estocolmo en un restaurante de San Francisco y acabaron recorriendo la ciudad los dos juntos, caminando y charlando, charlando y caminando. El siguiente fin de semana, él estaría en Seattle, y ella le siguió para continuar caminando y charlando y charlando y caminando. Los amigos se separaron y decidieron que mejor no se escribirían. La mujer, cuando conducía su auto dirigiéndose al sur, tenía la extraña sensación de que se había separado de su mejor amigo.

Sí se escribieron y el correo cruzó sus cartas y las siguió cruzando de un continente a otro, en ellas compartían carreras, familias, filosofías, su mutuo amor por la naturaleza. Como probablemente no se volverían a encontrar jamás, las cartas eran sinceras y sin tapujos. Pasaron dos años y el doctor sueco vino a trabajar a Seattle durante todo un año. El hombre y la mujer se volvieron a encontrar y se empezaron a enamorar. Pero él tenía una familia y ella aceptó respetar su integridad. De nueva cuenta, reacios, se dijeron adiós y ella se casó con otro.

Pasaron los años. Ella siempre se preguntaba qué habría pasado si él... o si yo hubiera...

Casi veinte años después, la mujer tuvo un sueño. En el sueño, el hombre estaba en la cocina de su casa, de pie junto a su esposa, que, sin tristeza ni ira, le entregaba su marido a ella. La mujer despertó sobresaltada. ¿Qué significaba este sueño y qué estaría ocurriendo en la vida de él?

En ese mismo instante, del otro lado del mundo, el hombre escribía el nombre de la mujer en internet, pero nada. Estuvo muchos meses navegando y, un día, del otro lado del mundo, ella escribió su nombre. Por fin se conectaron. La esposa de él había muerto, ella se había divorciado y ninguno de los dos había olvidado al otro.

De nueva cuenta intercambiaron cartas y, ahora, correos electrónicos. Una mañana de julio, muy temprano, la mujer recibió una llamada. No había escuchado la voz del hombre desde hacía veinte años. ¡Estaba en una conferencia de médicos en Denver! En tres horas ella estaba a bordo de un avión, arriesgando todo en una espontánea visita sorpresa. Le encontró en una sala de convenciones donde había 300 personas. Retrocedieron veinte años en el tiempo, eran jóvenes otra vez y nada había cambiado. Nada salvo las circunstancias.

A principios de noviembre, el hombre llevó a la mujer a su casa de Suecia para una estadía de dos semanas que más bien parecieron una luna de miel.

Fueron de compras para decorar la casa nueva que él acababa de construir. Caminaron por las estrechas calles empedradas de Gamla Stan –en el centro de Estocolmo–, y escalaron los cuatro pisos de un edificio secular para que ella conociera a su madre de ochenta y cinco años, quien recibió a la mujer con un abrazo. Conoció a sus tres hijos adultos, que le agradecieron por haber hecho a su padre tan feliz y le dieron un regalo de despedida. Conoció a sus mejores amigos y se rieron como viejos compañeros.

Juntos visitaron el cementerio el día de muertos, cuando las familias encienden velas y pequeñas linternas en las tumbas. Él le contó del aturdimiento y el dolor que sentía en su paseo diario por el bosque hasta llegar a esta tumba gris. Ante la tumba de su esposa, la mujer rompió a llorar y dijo: "Siempre te he querido, pero no a este precio, ¡nunca a este precio!" El hombre y la mujer se abrazaron y entendieron que "todas las cosas tienen su razón de ser".

Todos los días, él le llevaba el desayuno a la cama. Volvieron a caminar y charlar y charlar y caminar y los días fueron pasando sin interrupción alguna, sin esfuerzo. Limpiaron, cocinaron y recibieron amigos. Escucharon música y leyeron en voz alta. Encendieron velas mañana y noche contra el frío oscuro de noviembre. Viajaron por el bosque y él le enseñó sus lugares preferidos: el prado que él y su mujer habían limpiado a finales de primavera, cuando eran padres jóvenes, para las festividades de Maypole de los niños, la roca desde donde saltaban para nadar, el hueco encantado de un árbol donde los niños jugaron alguna vez.

Metieron alimentos en una bolsa y subieron al bote de él para dar un paseo de hora y media por el Archipiélago de Estocolmo, que tiene 24 mil islas, hasta llegar a su cabaña, ubicada ahí desde hace un siglo. El Báltico enloqueció y se enfureció, y ella se aferró con fuerza para no salir volando del bote que se azotaba mientras él lo guiaba seguro. Ella pensó que le podría confiar su vida a este hombre y así lo he hecho.

Se acurrucaron en la única habitación de la cabaña, mientras el viento golpeaba contra el tablón rojo de la puerta. A medida que el fuego del rincón iba calentando la habitación, se fueron quitando la ropa y la soledad. La luz de las velas se reflejaba en las pequeñas ventanas y en sus ojos, ahí solos, los dos juntos en ese descampado en el fin del mundo.

Todos los días rieron y amaron, y se fueron conociendo más. Todos los días se maravillaban y pensaban que la vida no podía ser mejor. Pero la felicidad de cada día les demostraba que habían estado equivocados.

Así fue como estas dos personas que disfrutaban tanto de vivir solas decidieron vivir juntas. Fue tan obvio como comer o respirar.

—Tenemos dos lugares maravillosos para vivir, nos queremos y el resto son sólo detalles —dijo el hombre.

La mujer asintió con la cabeza, confiando en que los Hados que los habían reunido hacía más de veinte años y 2 mil kilómetros no les fallarían ahora. Después de escribir finales felices para otros durante veinte años, finalmente estaba viviendo su propio final feliz. ¡Deséenme suerte!

JANN MITCHELL

Colaboradoras

ELLEN JENSEN ABBOT vive en West Chester, Pennsylvania, con su marido Ferg y sus hijos William y Janie. Cuando la casa está tranquila, escribe novelas para grados intermedios y adultos jóvenes.

BETH ROTHSTEIN AMBLER empezó su carrera de escritora y la terminó como ejecutiva, pero ha empezado una nueva vida como enferma de esclerosis múltiple. Vive en Nueva Jersey con su adorado marido, Chuck, que compite por su afecto con Burkus, su perro labrador, y Syco su cachorro rottweiler que pesa 80 kilos.

NANCY BAKER se retiró en 1999 de Texas A&M University en College Station, Texas, donde era coordinadora del programa de entrenamiento de líderes. Desde que se jubiló se ha dedicado a escribir, la pasión de su vida, y ha publicado varias historias y artículos. Casada desde hace cuarenta y tres años, ella y su marido tienen tres hijos, ocho nietas y tres nietos.

GAIL BALDEN es escritora y vive en la costa de Oregon, donde es profesora de Talleres de Redacción de Viajes Creativos para Mujeres. Su trabajo ha sido publicado en revistas, diarios y antologías. En la actualidad trabaja en un libro sobre cómo crecer en un pueblo pequeño.

JOYNCE LANCE BARNETT ha vivido toda su vida en la granja donde nació en Mills River, Carolina del Norte. Ahí, ella y su marido Carl han criado a dos hijas en medio de los caballos, el trabajo duro y la belleza de las montañas. Pinta y escribe y su trabajo incluye textos y retratos al pastel de personas, animales y sus tres nietos, que disfrutan de estas magníficas montañas.

PEGGY BIRD es escritora y vive en Vancouver, Washington. Su hija Meg vive del otro lado del río Columbia en Portland, Oregon. Están pensando llevar a Maggie, la hija de Meg, a Italia un día de estos.

LAUREN CASSEL BROWNELL vive en Newton, Pennsylvania, con su marido y su hijo de dos años. Escribe de manera independiente. Actualmente trabaja en un libro de cuentos infantiles y ha publicado varios artículos en revistas.

RENIE SZILAK BURGHARDT nació en Hungría y emigró a Estados Unidos en 1951. Vive en ese país, donde disfruta de la naturaleza, de leer y de actividades familiares. Sus textos han aparecido en numerosas publicaciones, inclusive *Whispers from Heaven, Una taza de consuelo y Una taza de consuelo para los amigos.*

CHRISTINE CALDWELL acaba de terminar su primera novela, *The Complete Lily Lansing.* Es egresada de Rutgers University, Camdem, y vive en Nueva Jersey con su marido Mark McCarthy, y sus hijas Brooke y Jilolian.

TALIA CARNER vive en Long Island, Nueva York, con su marido y cuatro hijos. Sus ensayos han sido publicados en *The New York Times,* antologías y revistas. Su novela *Puppet Child* salió a la venta en verano de 2002, y otras dos novelas en 2003. Antes de ser escritora de tiempo completo, era asesora de marketing en *Fortune 500 companies* y editora de la revista *Savvy Wooman.*

ANNE CARTER nació en Nueva York y vive con su marido y un precioso gato en Long Island, cerca de sus hijos y nietos. Sus inspiradores relatos han aparecido en varias publicaciones importantes y, en la actualidad, está trabajando en una colección de cuentos acerca de las experiencias de la vida de su familia.

SUZANNE C. COLE, de Houston, Texas, es ex profesora de inglés de una escuela superior y ahora se dedica a escribir. Es autora de *To Our Heart's Content: Meditations for Women Turning 50* y de otros libros, y sus poemas, dramas y obras de ficción han sido publicadas en periódicos, revistas y antologías.

KAREN DEYLE vive cerca de la región de los lagos de Nueva York, rodeada por una amorosa familia que ha elegido. Sus ensayos son una celebración a la alegría de comer, la fe, la amistad y los viajes. Dice que es fanática de viajar y siempre tiene su mochila y pasaporte junto a la puerta.

HANNA BANDES GESHELIN sería escritora de tiempo completo si no la distrajeran los quehaceres del hogar, ser cuidadora de la hija de su hijastra, la jardinería, trabajar de voluntaria en el museo de historia de su localidad y visitar a sus vecinos mayores en Worcester, Massachusetts. De alguna manera, encuentra tiempo para escribir inspiradores relatos y para trabajar en su cuarto libro infantil.

ELIZABETH P. GLIXMAN escribe cuentos, ensayos y poesía en su casa en Massachusetts. Es licenciada en artes plásticas y tiene grado de maestría en pedagogía, por lo que ha trabajado en programas de enseñanza para niños, así como de artes plásticas.

SHARON HAZARD vive en Elberon, Nueva Jersey. Escribió este relato como regalo para su hermana, Joan Tucker, que a pesar de su problema siempre ha sido fuente de inspiración para Sharon.

HEDY WIKTOROWICZ HEPPENSTALL vive en Winnipeg, Manitoba. Es escritora residente de *Artists in Healthcare* de Manitoba y dirige un curso llamado Un escrito a la alegría. Cuando no está escribiendo, trabaja de enfermera en una clínica de salud de su comunidad.

AMANDA KRUG vive en Fishers, Indiana, con su marido y cuatro hijos. Sus cuentos han ganado premios y han sido publicados, internacionalmente, en libros, revistas de internet y diarios. Ahora está escribiendo un libro con Devasis Jena sobre una vieja comunidad tribal de India.

HEIDI KURPIELA, de North Collins, Nueva York, es licenciada en periodismo por el Buffalo State College. Escribe para dos periódicos y trabaja en una librería.

MADALEINE LAIRD es escritora y editora independiente y sus méritos van desde artículos de cómo hacer y reseñas de libros, hasta ensayos personales y libros de texto. Vive con su marido Carl en Canyon Country, California, donde usa sus ojos de lince para detectar a corredores en los caminos de los lechos de ríos.

B.J. LAWRY fue reportera, articulista, revisora y editora de revistas y periódicos durante treinta y seis años. Ahora está retirada en la zona montañosa de Arkansas, donde ha escrito dos libros que han sido publicados: *Desert Heat*, una novela de amor, y *The Piper of Featherly*, una novela de misterio.

ROCHELLE LYON es ama de casa y matriarca de una familia que sigue creciendo. Le encanta escribir y dice que su casa junto a un pequeño lago en Franklin, Texas, es el ambiente perfecto para reflexionar. Ella y su marido piensan que es el lugar más bonito sobre la tierra.

DONNA MARGANELLA ha publicado cuentos y novelas cortas y prefiere los ensayos con sentido del humor que revelan realidades de la vida contemporánea. Durante el día es gerente de marketing de una compañía de tecnología avanzada, pero no encuentra nada de humor en ello. Vive en Carlsbad, California, con su marido Kevin que sigue riéndose de sus chistes.

MARSHA MCGREGOR es escritora independiente y vive con su marido, dos hijas y tres gatos en Hudson, Ohio. Sus ensayos y artículos han aparecido, con frecuencia, en *The Plain Dealer Sunday Magazine*. También escribe comunicados de corporaciones y de marketing de compañías regionales y nacionales. Marsha es miembro de International Women's Writing Guild.

ROBIN DAVINA LEWIS MEYERSON fue directora de comunicación de marketing de una de las 300 compañías de *Fortune* y ahora es autora, profesora y conferencista de temas de superación personal. Se crió en el extranjero y actualmente vive con su familia en Arizona.

JANN MITCHELL ahora vive una vida de Cenicienta al lado de su reencontrado príncipe Azul cerca de Estocolmo, Suecia, y está estudiando sueco. Ella y su príncipe viajan mucho y con frecuencia van a África oriental, donde él atiende enfermos de sida y ella apoya económicamente una escuela de párvulos. Es escritora independiente y conferencista de temas de motivación.

CAMILLE MOFFAT vive en el sur y escribe en su casa en la ladera de una montaña sobre el valle de Shenandoah. Refiriéndose a sus escritos dice: "Siempre he dado gracias por mi capacidad para escribir. Al final de cuentas, todo el mundo debe tener algún don y yo soy una pésima cocinera".

MAY JANE NORDGREN es profesora jubilada y médico familiar y vive con su marido (el personaje principal de su libro *Early: Logging Tales Too Human to Be Fiction*) en Forest Grove, Oregon. Su casa, que permite ver las cumbres nevadas de Cascade, suele estar llena de risas infantiles cuando su familia se reúne para fiestas.

BARBARA NUZZO vive con su marido Ray en North Brunswick, Nueva Jersey. Su pasatiempo preferido es viajar, actividad que encaja perfectamente con su trabajo de agente de viajes. Podría ir a cualquier lugar, pero es parcial tratándose de Francia. Es una lectora empedernida y también le gusta escribir, por lo que pertenece a varios grupos de escritores.

JANET OAKLEY es curadora de educación del Museo Histórico del condado de Skagit, en LaConner, Washington, y es profesora en una escuela superior de la localidad. Ha publicado artículos en revistas de historia y de interés general y ha escrito cuatro novelas. Acaba de enviudar, tiene tres hijos adultos y muchos sueños.

MARGE PELLEGRINO cuenta con obras publicadas y dirige talleres de redacción creativa para todas las edades en bibliotecas, escuelas y otras instituciones de la comunidad. Vive en Tucson, Arizona.

SHANNON PELLETIER-SWANSON trabaja de manera independiente, es periodista y diseñadora gráfica. Escribe cuentos y ensayos de su propia creación. Vive con su marido Ryan y sus gemelas idénticas, Presley y Shyann en Apopka, Florida.

LEANN R. RALPH vive en Wisconsin, estado donde nació y creció. Redactora de planta de dos publicaciones semanales, también escribe cuentos acerca de crecer en una granja lechera que sus bisabuelos noruegos fundaron a finales del siglo XIX. Sus colaboraciones aparecieron en *Una taza de consuelo para los amigos* y *Una taza de consuelo*.

BARBARA RICH dejó la costa este y se asentó en el sur de California hace más de veinte años. Secretaria semi jubilada, abuela juvenil y recién casada, le encanta el diseño de interiores y contar cuentos.

KIMBERLY RIPLEY es autora de *Breathe Deeply, This Too Shall Pass*, una serie de cuentos sobre las penas y las alegrías de ser padres de adolescentes y también contribuyó en *Una taza de consuelo*. Vive con su marido y cinco hijos en Portsmouth, Nueva Hampshire.

JULIE CLARK ROBINSON, al escribir su extrañamente reconfortante columna "Así es la vida", funde lo que ve con lo que siente. Sus ensayos han sido publicados en *Bride's Magazine* y *Family Circle*. Alguna vez escribió publicidad, sigue siendo la esposa de David y la mamá de

Reid y Jenna y podemos encontrarla escribiendo desde el fondo de su corazón en su casa en Hudson, Ohio.

SHAUN RODRÍGUEZ vive en Washington, D.C., con su marido y tres hijos. Se tituló en la Escuela de Artes Escénicas Duke Ellington, es voraz lectora y amante de las artes. Ésta es su primera obra publicada.

THERESE MADDEN ROSE pasó la mayor parte de su vida en el sur de California. Es educadora de niños con problemas, psicoterapeuta y escritora. Cuando tiene tiempo, le gusta nadar, caminar por la ciudad, bordar y viajar a visitar a sus tres hijos adultos. Ahora vive en Long Island.

JULIA ROSIEN vive en Ontario, Canadá, con su marido y cuatro hijos. Es profesora de periodismo personal y redacción creativa y sus ensayos han sido publicados en revistas y diarios internacionales. Procura que estas palabras rijan su vida: "la felicidad es un camino y no un destino final".

NANCY SCOTT es ensayista y poeta, con infinidad de obras aparecidas en publicaciones regionales y nacionales, entre ellas *ByLine*, *Dialogue* y *The Philadelphia Inquirer*. Dos poemas de su poemario *Hearing the Sunrise* fueron publicados en la antología de discapacitados *Staring Back*. Vive en Easton, Pennsylvania.

LYNN SEELY escribe ensayos y libros y vive en Martinsburg, West Virginia, con su marido Johan y dos gatos. Los Seely aparecieron en el programa de televisión *Miracle Pets* con Aggie, su heroico felino y fuente de inspiración para el siguiente libro de Lynn.

PAT SKENE está disfrutando de "haber llegado" en la bella comunidad rural de Cobourg, en Ontario, Canadá. Está siempre contando cuentos en la Ronald McDonald House y el Hospital Infantil de Toronto, Canadá. Su primer libro, *The Whoosh of Gadoosh*, fue publicado en junio de 2002.

Janie H. Starr tiene grados de maestría en salud pública y en psicología clínica. A mediados de los años ochenta dejó el ejercicio privado de su profesión para dedicarse a problemas relacionados con la paz y la justicia. Ha sido apasionada conferencista y autora de temas que van desde el desarrollo de los adolescentes y la sexualidad humana hasta la amenaza nuclear, el medio ambiente sustentable, la diversidad y, ahora, el cáncer, con su primer libro publicado: *Bone Marrow Boogie: The Dance of a Lifetime*, una autobiografía.

Sarah Stockton vive con su familia en la zona de la bahía de San Francisco. Es escritora y editora ejecutiva de Centered Path Publishing, también es profesora y mentora de redacción y creatividad espirituales.

Cheryl Terpening, de Ann Arbor, Michigan, es terapeuta ocupacional para personas con problemas de la vista. Tiene una hija de veintidós años y un marido "nuevo".

Gina Tiano, nacida en Santa Fe, Nuevo México, es escritora y columnista humorística independiente y ahora vive en la tropical ciudad de McAllen, Texas, a cuatro kilómetros de la frontera con México. De día, Gina trabaja con su marido en la compañía hipotecaría de su propiedad. Por la noche, baila al son del merengue y bebe margaritas.

Peggy Vincent es partera retirada y autora de Baby Catcher: Chronicles of a Mondern Midwife, una autobiografía. Vive en el norte de California con el hombre que ha sido su marido desde hace treinta y dos años, y su hijo adolescente. Otros dos hijos adultos viven cerca de ellos.

Sue Vitou ha ganado varios premios y tiene más de 200 artículos y ensayos publicados. Vive en Medina, Ohio, con sus cuatro hijos: Matt, John, Brad y Brenna.

DONNA VOLKENANNT es esposa, madre, abuela, madrina, hermana, tía y amiga. Vive en St. Peters, Missouri y trabaja en el Departamento de la Defensa. En sus ratos libres lee y escribe; le gusta consentir a sus nietos, Carl y Michael, pero no le gusta la aritmética.

DAVI WALDERS es poeta, escritora y asesora en educación y ha ganado varios premios. Sus poemas y obras en prosa han aparecido en más de 150 publicaciones, entre ellas, *The American Scholar, Ms.* y *JAMA*, así como en numerosas antologías, entre ellas *Words: Contemporary American Women Writers* y *Beyond Lament: Poets of the World Bearing Witness to the Holocaust.* Desarrolló y dirige el proyecto de poesía Vital Signs en el Instituto Nacional de Salud y en Children's Inn para padres de hijos enfermos que están sometidos a tratamientos de enfermedades que podrían ser mortales.

DERA R. WILLIAMS ha vivido casi toda la vida en la bahía de San Francisco. Trabaja en la oficina administrativa de una escuela superior comunitaria de la localidad. Su pasión por investigar la historia de su familia es la fuente de inspiración de la novela que está escribiendo.

TRACY WILLIAMS ahora escribe de manera independiente después de toda una carrera en periódicos, radio y televisión. Vive en el norte de Nueva York con su marido Robert y sus hijas Lauren y Haley.